"ELES FALAM, EU FALO"

Um guia completo para desenvolver a arte da escrita

ELES FALAM, EU FALO

Um guia completo para desenvolver a arte da escrita

GERALD GRAFF
CATHY BIRKENSTEIN
Ambos da Universidade de Illinois, Chicago

Tradução
Rafael Anselmé Carlos

Editora Novo Conceito educação

1ª Impressão - 2011

Produção Editorial
Equipe Novo Conceito

Tradução: Rafael Anselmé Carlos
Preparação de Texto: Equipe Novo Conceito
Revisão de Texto: Rita de Cássia do Carmo Garcia e Tárcia Garcia Leal
Diagramação: Nhambikwara Editoração
Ilustrações: Lylian Duran
Capa: studiogearbox.com e Equipe Novo Conceito

Este livro segue as regras da Nova Ortografia da Língua Portuguesa

Dados Internacionais de Catalogação na Publicação (CIP)
(Câmara Brasileira do Livro, SP, Brasil)

Graff, Gerald
Eles falam/eu falo : um guia completo para desenvolver a arte da escrita. / Gerald Graff, Cathy Birkenstein ; tradução Rafael Anselmé. – Ribeirão Preto, SP : Novo Conceito Editora, 2011.

Título original: They say, I say. 2ª ed.
Bibliografia.
ISBN 978-85-63219-54-1

1. Compreensão na literatura 2. Inglês - Retórica - Manuais, guias, etc. 3. Pensamento crítico - Manuais, guias, etc. 4. Persuasão (Retórica) - Mnauais, guias, etc. 5. Relatório - Manuais, guias, etc. I. Birkenstein, Cathy. II. Título.

11-06466 CDD-808.042

Índices para catálogo sistemático:
1. Inglês : Retórica 808.042

Rua Dr. Hugo Fortes, 1885 - Parque Industrial Lagoinha
14095-260 - Ribeirão Preto - SP
www.editoranovoconceito.com.br

SUMÁRIO BREVE

SUMÁRIO

LEITURAS

PREFÁCIO DA SEGUNDA EDIÇÃO

NO CENTRO DESTE LIVRO está a premissa de que a boa escrita argumentativa começa não como um ato de afirmação, mas um ato de escutar, de nos colocarmos no lugar daqueles que pensam diferente de nós. Aconselhamos aos escritores que não comecem com o que eles mesmos acham sobre si ("Em minha opinião"), mas com o que os outros pensam ("Na opinião deles"). Essa prática, em nossa opinião, aumenta o empenho pela escrita, ajudando-a a se tornar mais dinâmica e autêntica. Quando o texto responde a algo que foi dito ou poderia ser dito, realiza a tarefa significativa de apoiar, corrigir ou complicar essa outra visão. Quando viajamos pelo país para visitar algumas das milhares de faculdades e universidades onde este livro está sendo usado, ficamos inspirados pelos professores e muitos alunos que têm elogiado nosso trabalho, feito comentários e tomado nossas ideias em direções novas e inesperadas. Fizemos um grande esforço para seguir nosso próprio conselho e ouvir atentamente o que os usuários do livro disseram e pediram, e para responder a eles da melhor forma possível nesta nova edição.

Uma coisa muito gratificante é a grande variedade de aplicações disciplinares para as quais este livro tem sido utilizado. Embora originalmente tivéssemos o objetivo de usá-lo em curso de redação no primeiro ano, estamos muito satisfeitos por descobrir que está sendo ensinado em muitos outros cursos e disciplinas do currículo: cursos universitários de sucesso e seminários do primeiro ano; história, biologia, ciência política, sociologia e muito outros. Entretanto, embora os professores, nessas áreas, tenham sido muito habilidosos na adaptação de nossos métodos às convenções especiais de suas disciplinas, muitos deles têm sugerido que prestemos mais atenção ao livro no que se refere às diferentes falas e discursos segundo os diversos campos da ciência.

Assim, a presente edição contém dois novos capítulos, um escrito pelo biólogo Christopher Gillen sobre escrita na área de ciências, e outro pelo cientista político Erin Ackerman sobre a escrita na área de ciências sociais. Para mostrar que a escrita nesses campos é fundamentalmente argumentativa e não, como alguns imaginam, exclusivamente factual ou informativa, esses capítulos adaptam nossos modelos para ajudar os alunos com as exigências específicas de escrita nesses campos. E, para demonstrar ainda mais como os movimentos retóricos ensinados neste livro funcionam em vários domínios e disciplinas, adicionamos as leituras, na parte detrás do livro, de um jornalista, humanista, físico e linguista.

Outra novidade da edição é um capítulo sobre a leitura, uma versão anterior do que foi publicado pela primeira vez em *Eles falam, eu falo*, com leituras. Esse capítulo surgiu da nossa própria experiência de ensino com a primeira edição, na qual descobrimos que os modelos de escrita neste livro trouxeram o benefício inesperado de melhorar a compreensão da leitura. Além disso, achamos que, quando os alunos trabalhavam com um modelo como "Muitas pessoas acreditam ___________, mas minha opinião___________", podiam ver como os autores que estavam lendo faziam parte de um diálogo que os próprios alunos poderiam iniciar e, assim, perceber a leitura como uma questão de não absorver informações de modo passivo, mas de compreender e iniciar diálogos e debates de forma ativa.

Procuramos tornar o livro ainda mais fácil de usar, com referências cruzadas nas margens, levando os alunos a exemplos específicos, instruções e detalhes de que eles poderão precisar.

Várias outras novidades desta edição valem a pena ser mencionadas. Uma delas é uma discussão ampliada da questão controversa da primeira pessoa "eu", salientando que escritores na universidade, na maioria das disciplinas, tendem agora a fazer uso liberal do "eu", "nós" e suas variantes. Por último, respondendo às perguntas frequentes dos alunos sobre plágio, explicamos por que usar frases genéricas como "por um lado... por outro lado", não constitui desonestidade acadêmica.

Mesmo quando revisamos e adicionamos capítulos ao livro *Eles falam, eu falo*, nossos objetivos básicos permanecem inalterados: desmistificar a escrita e leitura acadêmicas mediante a identificação dos principais movimentos da argumentação persuasiva e representação desses movimentos de forma que os alunos possam colocar em prática.

PREFÁCIO

Desmistificar o diálogo acadêmico

PROFESSORES EXPERIENTES DE REDAÇÃO têm reconhecido, por muito tempo, que escrever bem significa dialogar com outros. A escrita acadêmica, em especial, motiva os escritores não apenas a expressar suas próprias ideias, mas expressá-las como uma resposta ao que outros dizem. O programa de produção de texto do primeiro ano da nossa universidade, de acordo com sua declaração de missão, pede aos alunos para "participarem de diálogos contínuos sobre questões acadêmicas e públicas de grande importância". Uma declaração semelhante de outro programa afirma que "a escrita intelectual é quase sempre composta de respostas aos textos dos outros". Essas declarações ecoam nas ideias de teóricos da retórica tais como Kenneth Burke, Mikhail Bakhtin e Wayne Booth, bem como nas de estudiosos recentes sobre a escrita como David Bartholomae, John Bean, Patricia Bizzell, Irene Clark, Greg Colomb, Lisa Ede, Peter Elbow, Joseph Harris, Andrea Lunsford, Elaine Maimon, Gary Olson, Mike Rose, John Swales e Christine Feak, Tilly Warnock – e outros que defendem a idea de que escrever bem significa envolver-se na voz do outro e deixá-la, por sua vez, nos envolver.

No entanto, apesar desse consenso crescente de que escrever é um ato social, dialógico, ajudar os escritores-alunos a realmente participar desses diálogos ainda é um desafio formidável. Este livro pretende encarar esse desafio. O objetivo é desmistificar a escrita acadêmica, isolando seus movimentos básicos, explicando-os de forma clara e representando-os na forma de modelos. Dessa forma, esperamos ajudar os alunos a se tornarem participantes ativos das conversas importantes do mundo acadêmico e de toda a esfera pública.

DESTAQUES

- Mostra aos alunos que escrever bem significa dialogar, resumir os outros ("Na opinião deles") para criar um argumento próprio ("Em minha opinião").
- Desmistifica a escrita acadêmica, mostrando aos alunos "os movimentos que fazem a diferença" em linguagem que eles podem facilmente aplicar.
- Fornece modelos fáceis de usar para ajudar esses alunos a fazer esses movimentos em seu próprio texto.

COMO ESTE LIVRO SURGIU

A ideia original deste livro surgiu a partir do nosso interesse comum pela democratização da cultura acadêmica. Primeiro, veio dos argumentos que Gerald Graff tem observado ao longo de sua carreira: que as escolas e faculdades precisam convidar os alunos para as conversas e debates que os cercam. Mais especificamente, é um método prático, interativo de seu livro recente, *Clueless in academe: How schooling obscures the life of the mind*, em que o autor olha para os diálogos acadêmicos a partir da perspectiva daqueles que os acham misteriosos e propõe caminhos em que tal mistificação possa ser superada. Em segundo lugar, esse livro nasceu de modelos de escrita que Cathy Birkenstein desenvolveu na década de 1990, para usar em cursos de Produção de Texto e Literatura em que ela lecionava. Muitos alunos, na opinião dela, poderiam facilmente entender o que significava defender uma tese com argumentos, fornecer um contra-argumento, identificar uma contradição textual, e, finalmente, resumir os argumentos mais difíceis e responder a eles, mas, muitas vezes, tinham dificuldade para colocar esses conceitos em prática em seu próprio texto. Quando Cathy esboçou modelos no quadro, no entanto, passando aos alunos a linguagem e os padrões que esses movimentos sofisticados requerem, a escrita deles, até mesmo a qualidade de pensamento, melhorou significativamente em termos de raciocínio.

Este livro começou, então, quando colocamos nossas ideias juntas e percebemos que esses modelos poderiam ter o potencial de abrir e esclarecer o diálogo acadêmico. Partimos da premissa de que todos os escritores contam com determinadas fórmulas prontas que eles próprios não inventaram e que muitas dessas fórmulas são tão frequentes que podem ser representadas em modelos que os alunos podem usar para redigir e organizar seu argumento.

Conforme desenvolvemos o projeto de trabalho deste livro, começamos a usá-lo nos cursos de produção de texto no primeiro ano em que ensinamos na Universidade de Illinois. Nos exercícios em sala de aula e nos trabalhos, achamos que os alunos que, de outra forma, desgastavam-se para organizar o pensamento ou até mesmo para pensar em algo para dizer, foram muito melhor quando lhes fornecemos modelos como os seguintes.

- Nas discussões de ___________, uma questão controversa é se ___________. Embora alguns argumentem que ___________, outros alegam que ___________.

- Isso não quer dizer que ___________.

Uma virtude de tais modelos, em nossa opinião, é que os alunos se concentram não apenas no que está sendo dito, mas também sobre a forma como se estrutura o argumento. Em outras palavras, esses modelos fazem com que os alunos fiquem mais conscientes dos padrões retóricos que são fundamentais para o sucesso acadêmico.

A CENTRALIDADE DO LIVRO

O movimento retórico central que focamos neste livro é o modelo “Na opinião deles/Em minha opinião”. Esse modelo representa a estrutura profunda, subjacente, como se fosse o DNA interno de todos os argumentos eficazes. Autores que usam persuasão eficaz fazem mais do que elaborar argumentos bem fundamentados (“em minha opinião eu digo"), eles também mapeiam os argumentos relativos aos argumentos dos outros ("Na opinião deles", "Eles dizem").

Aqui, por exemplo, o padrão-molde "Na opinião deles/Em minha opinião" estrutura a passagem de um texto recente redigido pelo crítico de mídia e tecnologia, Steven Johnson.

> Por décadas, temos trabalhado sob a suposição de que a cultura de massa segue uma trajetória decrescente de forma constante em direção a padrões de menor denominador comum, talvez porque as "massas" queiram prazeres simples e as grandes empresas de mídia procuram dar às massas o que elas querem. Mas... exatamente o oposto está acontecendo: a cultura está ficando mais, e não menos, exigente cognitivamente.
>
> Steven Johnson, *Watching TV makes you smarter*[1]

Ao demonstrar seu argumento, Johnson sugere por que ele precisa dizer o que está dizendo: para corrigir uma ideia errada de senso comum.

Mesmo quando os escritores não identificam seus pontos de vista de forma explícita, estão respondendo, como Johnson faz, a um implícito "Na opinião deles" eles dizem, muitas vezes, pode ser discernido, como na seguinte passagem de Zora Neale Hurston.

> Eu me lembro do dia em que fiquei colorida.
>
> Zora Neale Hurston, *How it feels to be colored me*[2]

A fim de compreender o argumento de Hurston, precisamos ser capazes de reconstruir o ponto de vista implícito a que ela está respondendo e questionando: que a identidade racial é uma qualidade inata com a qual simplesmente nascemos. Pelo contrário, Hurston sugere que nossa identidade racial nos é imposta pela sociedade – algo que nos tornamos em virtude da forma como somos tratados.

Como esses exemplos sugerem, o modelo "Na opinião deles/Em minha opinião" pode melhorar, não apenas a escrita do aluno, mas

1. Ver TV torna você mais inteligente. (N.T.)
2. Como me senti ser colorido. (N.T.)

também a compreensão da leitura. Como a leitura e a escrita são atividades profundamente recíprocas, os alunos que aprendem a fazer os movimentos retóricos representados pelos modelos neste livro parecem se tornar mais hábeis para identificar esses mesmos movimentos nos textos que leem. E se estivermos certos sobre a eficácia do argumento ser dialética, isto é, estar em diálogo com outro argumento, então isso quer dizer que, para entender os tipos de textos desafiadores passados na faculdade, os alunos precisam identificar os pontos de vista aos quais esses textos estão respondendo.

O trabalho com o modelo "Na opinião deles/Em minha opinião" também pode auxiliar a criatividade. Pela nossa experiência, os alunos descobrem da melhor forma o que eles querem dizer, não pensando sobre um assunto em uma cabine de isolamento, mas lendo textos, ouvindo atentamente ao que outros autores dizem e olhando para uma abertura através da qual eles podem entrar para dialogar. Em outras palavras, o fato de se ouvir atentamente os outros e resumir o que eles têm a dizer pode ajudar os escritores a criar suas próprias ideias.

A UTILIDADE DOS MODELOS

Nossos modelos também têm uma qualidade gerativa, estimulando os alunos a fazer movimentos no texto que eles não poderiam ou sequer saberiam como fazer. Os modelos neste livro podem ser particularmente úteis para os estudantes que estão sem saber o que dizer, ou que têm dificuldades de achar o suficiente para dizer, muitas vezes porque consideram suas crenças tão evidentes que não precisam ser contestadas. Constatamos que alunos como esses são, muitas vezes, ajudados, quando lhes damos um modelo simples como o seguinte para considerar um contra-argumento (ou utilizar um argumento contrário negativo, como o chamamos no capítulo 6).

- É claro, alguns podem / poderiam se opor a ____________. Apesar de eu admitir que ____________, eu ainda sustento que____________.

O que esse modelo específico ajuda os alunos a fazer é apresentar a retórica aparentemente contrária à sua intuição, olhar para ela a partir da perspectiva daqueles de que discordam. Desse modo, os modelos podem trazer aspectos das ideias do aluno, que, como eles próprios por vezes comentam, nem sequer percebiam que estavam lá.

Outros modelos neste livro ajudam os alunos a fazer uma série de movimentos sofisticados que não poderiam realizar de outra forma: resumir o que alguém diz, estruturar uma citação em suas próprias palavras, indicar o ponto de vista a que o escritor está respondendo, marcar a transição de um ponto de vista de uma fonte para seu próprio ponto de vista, fornecer evidência para fundamentar um ponto de vista, considerar e responder contra-argumentos e explicar o que está em jogo em primeiro lugar. Ao mostrar aos alunos como fazer esses movimentos, os modelos fazem mais do que organizar ideias, eles estimulam a criação das ideias.

ESTÁ BEM, MAS OS MODELOS?

Estamos cientes, é claro, de que alguns professores podem ter ressalvas em relação aos modelos. Alguns, por exemplo, podem objetar que essas fórmulas representam uma retomada às formas prescritivas de ensino que estimulam a aprendizagem passiva ou levam os alunos a colocar o texto no piloto automático.

Essa é uma reação compreensível, no nosso entender, para os tipos de ensino de memorização que têm, na verdade, incentivado a passividade e tirado a criatividade e a dinâmica da escrita com o mundo social. O problema é que muitos alunos não poderão fazer por conta própria os movimentos facilitadores que nossos modelos apresentam. Embora os escritores experientes utilizem esses movimentos de forma inconsciente, muitos alunos não os usam. Portanto, acreditamos que os alunos precisam ver esses movimentos representados no formato.

Então, o objetivo dos modelos não é reprimir o pensamento crítico, mas ser direto com os alunos sobre os principais movimentos retóricos que isso compreende. Apesar de estimularmos os estudantes a alterar e adaptar os modelos às particularidades dos argumentos que estão construindo, usando fórmulas pré-fabricadas, tais como ferramentas de aprendizagem, sabemos que nenhuma ferramenta de ensino pode garantir que os alunos usarão ideias consistentes. Nossos modelos, no entanto, fornecem instruções concretas que podem incentivar esse pensamento: qual é "a opinião deles" sobre o meu tópico? O que diria um alguém "do contra" sobre meu argumento? Qual é meu embasamento? Será que eu preciso moderar minha opinião? Quem se importa?

De fato, os modelos têm uma história longa e rica. Os oradores públicos da Grécia e Roma antigas passando pelo Renascimento europeu estudavam os *topoi* retóricos ou "lugares comuns", as passagens e fórmulas de modelo que representam as diferentes estratégias disponíveis para oradores públicos. Em muitos aspectos, os nossos modelos ecoam esta tradição retórica clássica de imitar modelos estabelecidos.

A revista científica *Nature* solicita aos aspirantes a colaboradores seguir uma diretriz, que é como um modelo, na página de abertura do texto introdutório: duas ou três frases que explicam o que o principal resultado do estudo revela em comparação direta com o que foi considerado ser o caso anteriormente, ou como o principal resultado contribui para o conhecimento prévio. No campo da educação, uma forma desenvolvida pelo teórico de educação, Howard Gardner, pede aos candidatos a uma bolsa de estudos de pós-doutorado para preencher o modelo a seguir: A maioria dos estudiosos da área acredita ___________. Como resultado do meu estudo, ___________. Como esses dois exemplos são voltados para pós-doutorandos e pesquisadores veteranos, mostram que não são só os estudantes da graduação que podem requisitar ajuda na elaboraração desses movimentos retóricos.

Os modelos foram até mesmo utilizados no ensino da narrativa pessoal. A teórica de literatura e educação Jane Tompkins criou o seguinte modelo para ajudar os escritores e alunos a elaborar o movimento frequentemente difícil de contar uma história para explicar o que se quer dizer: "X conta a história sobre ___________ para defender a ideia de que ___________. A minha própria experiência com ___________ é da opinião de que é semelhante/diferente/tanto semelhante quanto diferente. O que eu tiro da minha própria experiência é ___________.

Como concluo que ___________". Gostamos desse modelo em especial, porque sugere que o argumento "Na opinião deles/Em minha opinião" não precisa ser mecânico, impessoal ou seco, que contar uma história e apresentar um argumento são atividades compatíveis.

POR QUE ESTÁ CERTO USAR "EU"

No entanto, será que o "eu" implícito na parte do título "Na opinião deles/Em minha opinião" incentiva de forma flagrante o uso da palavra "eu"? Estamos cientes de que alguns professores proíbem os alunos de usar "eu" ou "nós", alegando que esses pronomes incentivam opiniões inconsideradas, subjetivas, em vez de argumentos objetivos e fundamentados. Sim, estamos conscientes dessa proibição do uso de primeira pessoa, mas acho que isso apresenta falhas graves. Primeiro, expressar opiniões inconsideradas, subjetivas não é necessariamente o pior pecado que escritores iniciantes podem cometer. Essa prática poderia ser um ponto de partida para perspectivas mais fundamentadas, menos egocêntricas. Em segundo lugar, proibir que os alunos utilizem "eu" não é simplesmente uma forma eficaz de reduzir a subjetividade dos alunos, já que podem dar opiniões mal-argumentadas, sem fundamentos tal como fazem facilmente sem esse pronome. Em terceiro e mais importante, proibir o uso da primeira pessoa tende a dificultar a capacidade de os alunos não apenas tomarem posições firmes, mas de diferenciar suas posições das dos outros, como mostraremos no capítulo 5. Para ter certeza, os escritores podem lançar mão de vários circunlóquios – "será discutido aqui", "as evidências sugerem que", "a verdade é que" – e esses podem ser úteis para evitar uma série monótona de frases começando com "eu acho". Contudo, exceto para evitar tal monotonia, não vemos razão para que "eu" deva ser anulado no texto persuasivo. Em vez de proibir o uso do pronome "eu", achamos que a melhor tática é fazer os alunos praticarem seu bom uso e aprender sua utilização, seja apoiando as alegações com evidências, seja assistindo de perto às alternativas para "Na opinião deles".

COMO ESTE LIVRO ESTÁ ORGANIZADO

Em razão de sua centralidade, temos permitido que o formato do livro dite sua estrutura. Assim, enquanto a Parte 1 aborda a arte de ouvir os outros, a Parte 2 aborda como apresentar uma resposta própria. A Parte 1 abre com o capítulo “Iniciar com o que os outros estão dizendo”, que explica por que geralmente é aconselhável iniciar um texto mergulhando diretamente nos pontos de vista do outro. Os capítulos posteriores se ocupam da arte de resumir e citar o que esses outros têm a dizer. A Parte 2 começa com um capítulo sobre as diferentes formas de responder, seguida por capítulos sobre a marcação da mudança entre “Na opinião deles” e “Em minha opinião”, ao introduzir e responder às objeções e responder às questões de suma importância “para quê?” e “quem se importa?” A Parte 3 apresenta estratégias para “amarrar tudo junto”, que começa com um capítulo sobre conexão e coerência de ideias, seguido por um capítulo sobre a linguagem formal e informal, argumentando que o discurso acadêmico muitas vezes é perfeitamente compatível com a linguagem informal que os alunos usam fora da escola; e, concluindo, um capítulo sobre a arte do metacomentário, mostrando aos alunos como refletir o modo que os leitores compreendem um texto. A Parte 4 fornece orientação para entrar nos diálogos em situações acadêmicas específicas, com capítulos sobre as discussões em sala de aula, leitura, escrita nas áreas de ciências e ciências sociais. Por último, há quatro textos e um índice de modelos.

O QUE ESTE LIVRO NÃO FAZ

Há algumas coisas que este livro não tenta fazer. Por exemplo, não contempla princípios lógicos do argumento, como silogismos, justificativas, falácias lógicas ou as diferenças entre raciocínio indutivo e dedutivo. Embora tais conceitos possam ser úteis, acreditamos que a maioria de nós aprende os meandros da escrita argumentativa não estudando os princípios lógicos, no abstrato, mas mergulhando em discussões e debates reais, experimentando diferentes padrões de resposta e, dessa forma, tendo uma ideia do que funciona e do que não funciona para persuadir públicos diferentes. Em nossa opinião, as pessoas aprendem mais sobre argumentação ao ouvir alguém: "Você não está entendendo meu argumento". O que estou dizendo não é __________, mas __________," ou "Concordo com você que __________ e até acrescentaria que __________" do que estudando as diferenças entre raciocínio indutivo e dedutivo. Essas fórmulas fornecem aos alunos uma sensação imediata do que se sente ao entrar em uma conversa pública, de uma forma que o estudo de justificativas abstratas e falácias lógicas não oferecem.

DIALOGAR COM AS IDEIAS DE OUTROS

O objetivo central deste livro é desmistificar a escrita convencional levando-a de volta às suas raízes sociais e conversacionais. Embora a escrita possa exigir certo grau de solidão e silêncio, o modelo "Na opinião deles/Em minha opinião" mostra aos estudantes que eles podem desenvolver melhor a argumentação não só olhando para dentro, mas fazendo o que costumam fazer em uma boa conversa com amigos e familiares – ouvindo atentamente o que os outros estão dizendo e dialogando com outras opiniões.

Este método de escrita, portanto, tem uma dimensão ética, pois pede aos autores não simplesmente para continuar provando e reafirmando aquilo em que já creem, mas para expandir aquilo em que acreditam, colocando-se contra as crenças que diferem, às vezes, radicalmente, das suas próprias. Em uma sociedade cada vez mais diversificada, global, esta capacidade de dialogar com as ideias dos outros é especialmente crucial para uma cidadania democrática.

Gerald Graff
Cathy Birkenstein

INTRODUÇÃO

Entrar na conversa

PENSE EM UMA ATIVIDADE que você faz muito bem: cozinhar, tocar piano, arremessar uma bola de basquete, mesmo algo tão básico como dirigir um carro. Se você refletir sobre essa atividade, vai perceber que, depois de aprender a fundo, já não tem que dar atenção consciente aos vários movimentos para executar essa tarefa. A execução dessa atividade, em outras palavras, depende de você ter aprendido uma série de movimentos complicados que podem parecer misteriosos ou difíceis para aqueles que ainda não tenham aprendido.

O mesmo se aplica à escrita. Muitas vezes, sem conscientemente perceber, exímios escritores lançam mão de um acervo de movimentos estabelecidos que são fundamentais para comunicar ideias sofisticadas. O que faz dos escritores donos de si não é só a capacidade de expressar pensamentos interessantes, mas o domínio de um acervo de movimentos retóricos básicos que provavelmente adquiriram com a leitura de uma vasta gama de outros autores exímios. Os escritores menos experientes, pelo contrário, muitas vezes, não são familiarizados com esses movimentos retóricos básicos e são inseguros sobre como utilizá-los na sua própria escrita. O presente livro pretende ser um guia conciso, de fácil utilização para o usuário sobre os movimentos retóricos básicos da escrita convencional.

Uma de nossas principais premissas é que esses movimentos retóricos básicos sejam tão comuns que possam ser representados em modelos que você use imediatamente para estruturar e, até mesmo, gerar sua própria escrita. Talvez a característica mais marcante do livro seja a apresentação de vários modelos elaborados para ajudá-lo a entrar com sucesso não só no mundo do pensamento acadêmico e da escrita, mas também no mundo mais amplo do discurso cívico e do trabalho.

Em vez de se concentrar unicamente em princípios abstratos de escrita, este livro oferece padrões de modelos para você colocar esses princípios em prática de forma direta. O trabalho com esses modelos pode dar um sentido imediato para dialogar por meio do pensamento crítico necessário no nível universitário e nas esferas profissionais e públicas, entre outras.

Alguns destes modelos representam movimentos retóricos simples, mas cruciais, como aqueles usados para resumir algumas ideias amplamente difundidas.

- Muitos americanos assumem que____________.

Outros são mais complicados.

- Por um lado, ____________. Por outro lado, ____________.
- A autora se contradiz. Ao mesmo tempo em que ela alega que____________, também sugere que____________.
- Concordo que ____________.
- Isso não quer dizer que ____________.

É verdade, claro, que o pensamento e a escrita críticos são mais profundos que qualquer conjunto de fórmulas linguísticas, exigindo que você questione suposições, desenvolva afirmações contundentes, exponha razões corroborantes e evidências, analise os argumentos antagônicos, e assim por diante. Entretanto, esses hábitos mais profundos do pensamento não podem ser postos em prática a menos que você tenha uma linguagem para expressá-los de forma clara e organizada.

EXPRIMA SUAS PRÓPRIAS IDEIAS COMO RESPOSTA AOS OUTROS

O modelo mais central que focamos neste livro é o modelo "Na opinião deles/Em minha opinião" que dá título a nosso livro. Se há alguma lição que esperamos que você tire deste livro é a importância de não apenas expressar suas ideias ("Em minha opinião"), mas de apresentar essas ideias como uma resposta a alguma outra pessoa ou grupo ("Na opinião deles"). Para nós, a estrutura subjacente da escrita convencional eficaz e do discurso público responsável reside não apenas em afirmar nossas próprias ideias, mas em ouvir atentamente os outros ao nosso redor, resumindo opiniões de uma maneira que reconheçam e respondam com nossas próprias ideias na mesma moeda. Grosso modo, a escrita convencional é a escrita argumentativa, e acreditamos que argumentar bem é necessário para fazer mais do que afirmar sua própria posição. É necessário entrar na conversa, usando o que os outros dizem (ou diriam) como plataforma de lançamento ou caixa de ressonância para suas próprias opiniões. Por essa razão, uma dos principais conselhos neste livro é escrever as vozes dos outros no seu texto.

Assim, em nossa opinião, a melhor escrita convencional tem uma característica fundamental: está profundamente relacionada, de alguma forma, com os pontos de vista de outras pessoas. Com muita frequência, entretanto, a escrita formal é ensinada como um processo de dizer as coisas "verdadeiras" ou "inteligentes" no vácuo, como se fosse possível argumentar com eficácia sem dialogar com outrem. Se você foi ensinado a escrever uma redação tradicional de cinco parágrafos, por exemplo, aprendeu a desenvolver uma tese e apoiá-la com argumentos. Este é um bom conselho até certo ponto, mas omite o fato importante de que no mundo real não defendemos argumentos sem ser provocados. Em vez disso, defendemos argumentos porque alguém disse ou fez alguma coisa (ou talvez não tenha dito ou feito algo) e precisamos responder: "Eu não consigo ver por que você gosta tanto dos Lakers"; "Eu concordo: foi um grande filme"; "Este argumento é contraditório". Se não fosse por outras pessoas e nossa necessidade de contestar, concordar com elas ou de algum outro modo responder a elas, não haveria razão para argumentar de modo algum.

Para causar impacto como escritor, é necessário fazer mais do que apresentar declarações que são lógicas, bem fundamentadas e coerentes. Também é necessário encontrar uma maneira de dialogar com pontos de vista dos outros – com alguma coisa "Na opinião deles". Se seu próprio argumento não identificar o "Na opinião deles" ao qual você está respondendo, provavelmente não vai fazer sentido. Como a figura 1 sugere, o que você está dizendo pode ser claro para seu público, mas por que você está dizendo é que não o será. Pois é o que os outros estão dizendo e pensando o que motiva nossa redação e dá razão de ser. Então, como a figura 2 sugere, seu próprio argumento, o momento da sua tese, deve ser sempre uma resposta aos argumentos dos outros.

Muitos escritores tornam os movimentos "Na opinião deles/Em minha opinião" explícitos no texto. Um exemplo famoso é o da "Carta da prisão de Birmingham", de Martin Luther King Jr., que consiste quase inteiramente em respostas eloquentes de King para uma declaração

FIGURA 1

FIGURA 2

pública de oito clérigos, lamentando pelos protestos a favor dos direitos civis que ele estava liderando.

A carta, escrita em 1963, enquanto King estava na prisão por liderar uma manifestação contra a injustiça racial em Birmingham, é estruturada quase inteiramente em torno de uma estrutura de resumo e resposta, na qual King resume as críticas deles e, em seguida, responde a elas. Em uma passagem típica, King escreve o seguinte.

> Vocês lamentam as manifestações que estão ocorrendo em Birmingham. Mas sua declaração, lamento dizer, não expressa uma preocupação semelhante com as condições que levaram às manifestações.
>
> Martin Luther King Jr., *Carta da prisão de Birmingham*

King continua a concordar com seus críticos: "É lamentável que as manifestações estejam ocorrendo em Birmingham", mas ele se apressa para acrescentar que "é ainda mais lamentável que a estrutura de poder branco da cidade deixou a comunidade negra sem alternativa". A carta de King tem o tom tão coloquial, de fato, que poderia ser reescrita sob a forma de um diálogo ou jogo.

> Críticas de King:
> Resposta de King:
> Críticas:
> Resposta:

Claramente, King não teria escrito sua famosa carta se não fosse por seus críticos, cuja opinião ele não trata como oposição a seus argumentos já formulados, mas como a fonte motivadora desses argumentos, a razão central para existir. Ele cita não só o que seus críticos disseram ("Alguns perguntavam: Por que vocês não deram tempo à nova administração para agir?"), mas também o que eles poderiam ter dito ("Alguém poderia perguntar: "Como você pode defender a violação de algumas leis e o cumprimento de outras?") para preparar terreno para o que ele próprio quer dizer.

Um diálogo semelhante de "Na opinião deles/Em minha opinião" abre um ensaio sobre o patriotismo dos EUA escrito pela crítica social, Katha Pollitt, que usa o comentário de sua própria filha para representar o fervor nacional de patriotismo pós-atentados de 11 de setembro.

> Minha filha, que estuda na Stuyvesant High School, somente alguns quarteirões do antigo World Trade Center, acha que deveríamos desfraldar a bandeira dos EUA da nossa janela. De jeito nenhum, digo: A bandeira representa ufanismo, vingança e guerra. Ela diz que estou errada – a bandeira significa estar juntos, honrar os mortos e dizer não ao terrorismo. De alguma forma, nós duas estamos certas...
>
> Kathia Pollitt, *Put out no flags* [1]

1. Não exponha as bandeiras. (N.T.)

Como mostra o exemplo de Pollitt, o "outro", a quem você responde na elaboração de um argumento, não precisa ser um autor famoso ou alguém conhecido para seu leitor. Esse leitor pode ser um membro da família como a filha de Pollitt, ou um amigo ou colega que tenha feito uma afirmação provocativa. Pode até ser algo que um indivíduo ou um grupo pode dizer ou algo em que você já acreditou, mas não acredita mais, ou algo em que você acredita em parte, mas de que também duvida. O importante é que os "outros" (ou "você" ou "ela") representam algum grupo mais amplo com o qual os leitores poderão se identificar, no caso de Pollitt, aqueles que patrioticamente acreditam em desfraldar a bandeira. O exemplo de Pollitt também mostra que a resposta às opiniões dos outros nem sempre precisa envolver oposição absoluta. Ao concordar com a filha e discordar dela, Pollitt decreta o que chamamos de resposta "sim e não", conciliando pontos de vista aparentemente incompatíveis.

Veja o capítulo 4 para obter mais informações sobre concordar, mas com diferença.

Embora King e Pollitt identifiquem os pontos de vista aos quais estão respondendo, alguns autores não indicam expressamente seus pontos de vista, mas, ao invés disso, permitem que o leitor os infira. Veja, por exemplo, se é possível identificar o "Na opinião deles" implícito ou não mencionado à seguinte afirmação:

> Eu gosto de pensar que tenho certa vantagem como um professor de literatura, porque conforme eu crescia, não gostava e tinha medo de livros.
>
> Gerald Graff, *Disliking books at an early age*[2]

Caso você ainda não tenha percebido isso, o fantasma "Na opinião deles" aqui demonstra a crença comum de que, para ser um bom professor de literatura, é necessário ter crescido gostando de livros e apreciando a leitura.

---

2. Avesso a livros na tenra idade. (N.T.)

Como se pode ver nesses exemplos, muitos escritores usam o formato "Na opinião deles/Em minha opinião" para concordar com os outros ou discordar deles, para desafiar modos padronizados de pensamento e, portanto, para suscitar polêmica. Essa afirmação pode vir como um choque se você sempre teve a impressão de que, para ter sucesso em termos acadêmicos, é preciso não correr riscos e evitar polêmica no texto, fazendo declarações das quais ninguém possa vir a discordar. Embora este ponto de vista da escrita possa parecer lógico, na verdade é uma receita para a escrita desinteressante, sem vida, que não responde ao que chamamos de perguntas "para quê?" e "quem se importa?". "William Shakespeare escreveu muitas peças e sonetos famosos" pode ser uma afirmação perfeitamente verdadeira, mas de maneira precisa porque ninguém tende a discordar dela, é evidente e, portanto, poderia parecer inútil caso fosse dita.

FORMAS DE RESPONDER

Só porque grande parte da escrita argumentativa é norteada pela discordância, não quer dizer que está descartada a concordância de opinião. Embora a argumentação esteja com frequência associada ao conflito e à oposição, o tipo de argumento conversacional "Na opinião deles/ Em minha opinião", que focamos neste livro, pode ser tão útil quando houver concordância de opinião como quando houver discordância.

- Ela afirma que ___________, eu concordo porque___________.
- A afirmação [dela] de que ___________ é defendida por uma nova pesquisa que mostra que ___________.

Nem sempre haverá a possibilidade de escolher entre simplesmente concordar ou discordar, pois o formato "Na opinião deles/Em minha opinião" também funciona tanto para concordar quanto para discordar ao mesmo tempo, como ilustra Pollitt anteriormente.

- Ele alega que ___________, mas tenho várias opiniões sobre isso. Por um lado, concordo que ___________ Por outro lado, eu continuo a insistir que ___________.

Essa última opinião – concordar e discordar simultaneamente – é a que, sobretudo, recomendamos, pois permite evitar uma simples resposta sim ou não e apresentar um argumento mais elaborado, ao mesmo tempo contém essa elaboração dentro da estrutura "por um lado/por outro lado".

Embora os modelos que apresentamos neste livro possam ser usados para estruturar a escrita no nível da frase, eles também podem ser expandidos, conforme sejam necessários, para quase toda extensão, como demonstra o seguinte modelo elaborado "Na opinião deles/Em minha opinião".

- Nas discussões de ___________, uma questão controversa é se ___________. Por um lado, alguns concordam que ___________. A partir dessa perspectiva,___________. Por outro lado, no entanto, outros afirmam que ___________. Nas palavras de ___________, um dos principais defensores dessa visão, "___________". Segundo esse ponto de vista, ___________. Em resumo/suma, então, a questão é saber se ___________ ou ___________.

- Minha opinião é que ___________. Apesar de eu admitir isso, ainda sustento que___________. Por exemplo, ___________. Embora alguns pudessem se opor a ___________, eu responderia que ___________. A questão é importante porque ___________.

Se voltarmos a esse modelo, você verá que isso contribui para fazer uma série de movimentos desafiadores (cada um deles será retomado nos próximos capítulos deste livro). Em primeiro lugar, o modelo ajuda a abrir o texto, identificando um problema em algumas conversas ou debates em curso ("Em discussões recentes sobre ___________, uma questão controversa tem sido/é ___________"), e então a mapear algumas das vozes nessa controvérsia (usando a estrutura "por um lado/por outro lado"). O modelo também ajuda a introduzir uma citação ("Nas palavras de"), para explicar a citação em suas próprias palavras ("Segundo este ponto de vista"), e em um novo parágrafo para indicar seu próprio argumento ("Minha opinião é que"), para qualificar seu argumento ("Apesar de eu admitir que") e, em seguida, para defender seu argumento com a evidência ("Por exemplo"). Além disso, o modelo ajuda a fazer um dos movimentos mais importantes na escrita argumentativa, o que chamamos de "usar argumento contrário no texto", no qual você resume uma provável objeção à sua própria afirmação central e, em seguida, responde a ela ("Embora isso possa se opor a __________, eu afirmo que __________").

Finalmente, esse modelo ajuda a alternar entre as afirmações dominantes, gerais ("Em resumo,) e afirmações de menor escala de apoio ("Por exemplo").

Novamente, nenhum de nós nasceu sabendo esses movimentos, sobretudo quando se trata da escrita acadêmica. Daí a necessidade deste livro.

SERÁ QUE OS MODELOS REPRIMEM A CRIATIVIDADE?

Se você é como alguns de nossos alunos, sua resposta inicial aos modelos pode ser ceticismo. No começo, muitos deles se queixam de que o uso de modelos tirará sua originalidade e criatividade e fará todos eles parecerem os mesmos. "Eles nos transformarão em robôs", um dos nossos alunos insistiu. Outro concordou, acrescentando: "Ei, eu sou músico de *jazz*. E não tocamos seguindo formas definidas. Nós criamos as nossas próprias". "Estou na faculdade agora", afirmou outro estudante; "Isso é coisa do último ano do ensino médio".

Em nossa opinião, no entanto, os modelos deste livro não são "coisa do último ano do ensino médio", representam o acervo de recursos de pensamento e escrita sofisticados, e que, muitas vezes, requerem uma grande quantidade de prática e instrução para uso bem-sucedido. Quanto à crença de que as formas preestabelecidas minam a criatividade, achamos que esta repousa sobre uma visão muito limitada do que trata a criatividade. A nosso ver, o modelo acima e os outros tratados neste livro realmente ajudarão a sua escrita a se tornar mais original e criativa, não menos que isso. Afinal, mesmo as formas mais criativas de expressão dependem de padrões e estruturas estabelecidos. A maioria dos compositores, por exemplo, dependem do padrão consagrado pelo tempo de verso-coro-verso, e poucas pessoas diriam que Shakespeare não tinha criatividade, porque ele não inventou o soneto ou as formas dramáticas que usou para tal efeito deslumbrante. Até mesmo artistas modernos, de vanguarda (os músicos de *jazz* de improviso) precisam dominar formas básicas em que o trabalho improvisa, afasta, e vai além, ou então seu trabalho será entendido com uma brincadeira de criança sem educação. Enfim, então, a criatividade e originalidade não residem na prevenção de formas estabelecidas, mas no uso criativo delas.

Ademais, estes modelos não ditam o conteúdo do que você diz, que pode ser tão original quanto você pode conseguir, mas apenas sugere uma forma de formatação como você o diz. Além disso, quando você começar a se sentir confortável com os modelos deste livro, será capaz de improvisar de forma criativa, a fim de atender a novas situações e propósitos e encontrar outros na sua leitura. Em outras palavras, os modelos fornecidos aqui são ferramentas de aprendizagem para você começar, e não estruturas cristalizadas. Uma vez que você se acostume a usá-los, poderá até dispensá-los completamente, pois os movimentos retóricos que eles formatam estarão na ponta da língua de forma inconsciente, instintiva.

Mas, se ainda precisar de uma prova de que os modelos não reprimem a criatividade, considere o seguinte para abrir um texto sobre a indústria de *fast-food*.

> Se alguma vez houve uma manchete de jornal feita sob medida para o monólogo de Jay Leno, esta foi a primeira. As crianças que comeram no McDonald's estão processando a empresa por engordá-las. Esse fato não

> é semelhante a homens de meia-idade que estão processando a Porsche por fazer com que eles sejam multados? O que aconteceu com a responsabilidade pessoal? No entanto, tenho a tendência de simpatizar com esses clientes corpulentos que consomem *fast-food*. Talvez seja porque eu costumava ser um deles.
>
> David Zinczenko, *Don't blame the eater*[3]

Embora Zinczenko conte com uma versão da fórmula "Na opinião deles/Em minha opinião", sua escrita é tudo, menos seca, robótica ou sem criatividade. Apesar de Zinczenko não usar a expressão "Na opinião deles" e "Em minha opinião" de forma explícita, o modelo ainda dá passagem para sua estrutura subjacente: "Na opinião deles, as crianças estão processando as empresas de *fast-food* por engordá-las, isso é uma piada, mas em minha opinião tais ações são justificadas".

MAS ISTO NÃO É PLÁGIO?

"Mas isto não é plágio?" pelo menos um aluno de cada ano geralmente pergunta. "Bem, será que é?" nós respondemos, invertendo a pergunta de forma que a turma inteira possa tirar vantagem. "Estamos, afinal, pedindo a você para usar em seu texto a língua que não é sua, que você "pega emprestado" ou, para colocar de forma menos delicada, rouba de outros escritores."

Muitas vezes, uma discussão animada prossegue, suscita questões importantes sobre a propriedade autoral e ajuda a todos a entender melhor a linha frequentemente confusa entre plágio e uso legítimo do que os outros dizem e como dizem. Os alunos são rápidos para ver que ninguém é dono de uma fórmula convencional do tipo "por um lado/por outro lado...". A expressão "uma questão controversa" é tão comumente usada e reciclada que se transforma em propriedade da comunidade genérica que pode ser utilizada livremente, sem medo

3. Não ponha a culpa no consumidor. (N.T.)

de cometer plágio. É plágio, no entanto, se as palavras utilizadas para preencher as lacunas de tais fórmulas forem emprestadas de outras pessoas sem o devido crédito. Conclui-se, então, que, embora não seja plágio reciclar fórmulas usadas como convenção, é uma ofensa acadêmica grave apropriar-se do conteúdo substantivo dos textos dos outros sem citar o autor e dar-lhe o devido crédito.

INTROMETER-SE

Embora o objetivo imediato deste livro seja ajudá-lo a se tornar um melhor escritor, em um nível mais profundo, ele o convida a se tornar um certo tipo de pessoa: um pensador intelectual, crítico que, em vez de sentar-se passivamente à margem, pode participar dos debates e conversas de seu mundo de uma forma ativa e competente.

Enfim, este livro o convida a se tornar um pensador crítico, que pode entrar nos tipos de conversas descritas, de forma eloquente, pelo filósofo Kenneth Burke na seguinte passagem amplamente citada. Comparando o mundo do intercâmbio intelectual com uma conversa sem fim em uma festa, Burke escreve:

> Você chega atrasado. Outros chegaram antes de você e estão envolvidos em uma discussão acalorada demais para que eles parem e lhe digam exatamente do que se trata... Você presta atenção por um tempo, até decidir que pegou o conteúdo do argumento, então você se intromete. Alguém responde, você responde a ele, outra vem defendê-lo; outra vem concordar com ele contra você... Fica tarde, você vai embora, com a discussão ainda vigorosamente em andamento.
>
> Kenneth Burke, *The philosophy of literary form*[4]

Gostamos dessa passagem porque afirma que um argumento e a "intromissão" só podem ser feitos em conversa com os outros; que

4. A filosofia da forma literária. (N.T.)

todos nós entramos no mundo dinâmico das ideias, não como indivíduos isolados, mas como seres sociais profundamente ligados aos outros que têm interesse no que dizemos.

Essa capacidade de entrar em diálogos complexos e multifacetados assume uma necessidade especial no mundo de hoje, que é diverso, pós- ataques de 11 de setembro, em que o futuro para todos nós pode depender da nossa capacidade de nos colocar no lugar daqueles que pensam muito diferente de nós. O conselho central neste livro – para que ouçamos atentamente aos outros, incluindo aqueles que discordam de nós, e então dialoguemos com eles de forma ponderada e respeitosa – pode nos ajudar a enxergar além das nossas próprias crenças preferidas, que não podem ser compartilhadas por todos. O simples ato de elaborar uma frase que começa "É claro que alguém poderia discordar que__________" pode não parecer uma maneira de mudar o mundo, mas realmente tem potencial para nos tirar das nossas zonas de conforto, nos levar a pensar de forma crítica sobre nossas próprias crenças e, talvez, até mudar nossas opiniões.

Exercícios

1. Leia o parágrafo a seguir de um texto escrito por Emily Poe, um estudante da Universidade de Furman. Desconsiderando por um momento o que diz Poe, preste atenção nas expressões que utiliza para estruturar o que diz (em itálico). Em seguida, escreva um novo parágrafo utilizando o texto de Poe como modelo, mas substituindo seu tópico, vegetarianismo, por um de sua preferência.

   O termo "vegetariano" tende a ser sinônimo de "ativista ambiental" na visão de muitas pessoas. *Elas veem* o vegetarianismo como um culto que faz lavagem cerebral nos seus adeptos eliminando uma parte essencial de suas dietas diárias para chegar a uma meta abstrata chamada "bem-estar animal". *No entanto*, poucos vegetarianos escolhem seu estilo de vida apenas para seguir a multidão.

Pelo contrário, muitas dessas pessoas, supostamente alienadas, são na verdade, pensadores independentes, cidadãos preocupados e seres humanos compassivos. *Pois a verdade é* que existem muito boas razões para pararmos de ingerir carne. Talvez as melhores razões sejam melhorar o ambiente, incentivar um tratamento humano dos animais ou melhorar a própria saúde. *Neste texto, então*, o exame de perto da dieta vegetariana em relação à dieta de um carnívoro mostra que o vegetarianismo é claramente a melhor opção para manter a Terra e todos os seus habitantes.

2. Escreva um pequeno texto no qual você primeiro resuma nossa argumentação em relação aos modelos deste livro e, em seguida, articule sua própria posição em resposta. Se você quiser, é possível utilizar o modelo abaixo para organizar os parágrafos, ampliando-o e modificando-o conforme necessário para adequar o que você deseja dizer.

▸ Na introdução deste livro, Gerald Graff e Cathy Birkenstein fornecem modelos criados para ____________. De modo específico, Graff e Birkenstein afirmam que os tipos de modelos de escrita que eles apresentam ____________. Conforme os próprios autores colocaram, "____________". Embora algumas pessoas acreditem, Graff e Birkenstein insistem que ____________. Em resumo, o ponto de vista deles é que ____________. Eu [concordo/discordo/tenho vários opiniões]. No meu ponto de vista, os tipos de modelos que os autores recomendam ____________. Por exemplo, ____________. Além disso, ____________. Alguns podem / poderiam se opor, é claro, pela razão que ____________. Contudo, eu diria que ____________. No geral, creio que ____________ — um ponto importante para se defender dado que____________.

PARTE 1
“NA OPINIÃO DELES”

UM

"NA OPINIÃO DELES"

Iniciar com o que os outros estão dizendo

NÃO FAZ MUITO TEMPO, assistimos a uma palestra em uma conferência acadêmica em que a afirmação central do palestrante parecia ser que um certo sociólogo chamado Dr. X havia feito um trabalho muito bom em vários áreas da disciplina. O palestrante começou a ilustrar sua tese referindo-se em detalhes a vários livros e artigos do Dr. X e citando longas passagens deles. O palestrante era obviamente culto e apaixonado, mas, conforme ouvíamos sua palestra, nos vimos um tanto intrigados: o argumento de que o trabalho do Dr. X era muito importante ficou bastante claro, mas por que o palestrante precisava colocá-lo em primeiro lugar? Será que ninguém questionou isso? Havia comentaristas no campo que tinham argumentado contra o trabalho de X ou contestado sua importância? Será que a interpretação do palestrante sobre o que X havia feito era algo novo ou revolucionário? Como o palestrante não deu nenhuma dica de resposta a nenhuma dessas perguntas, só podemos perguntar por que ele prosseguia a falar continuamente sobre X. Foi só após o palestrante acabar e responder às perguntas da plateia que tivemos uma pista: em resposta ao autor da pergunta, referiu-se a várias críticas que tinham questionado com vigor as ideias de Dr. X e que convenceram muitos sociólogos de que o trabalho do Dr. X era infundado.

Nosso público-alvo hipotético na figura 1 na página 4 reagia de forma semelhante.

Essa história ilustra uma lição importante: que, a fim de dar a um texto a coisa mais importante de todas —, isto é, um argumento – o autor deve indicar com clareza não apenas qual é sua tese, mas também a qual maior argumento essa tese está respondendo. Como nosso palestrante não mencionou o que os outros tinham dito sobre o trabalho de Dr. X, ele deixou a plateia com dúvida sobre por que ele sentiu a necessidade de dizer o que estava dizendo. Talvez o argumento ficasse claro para outros sociólogos da plateia que estavam mais familiarizados com os debates sobre o trabalho do Dr. X do que nós. Mas mesmo eles, apostamos, teriam entendido melhor o argumento do palestrante se ele tivesse esboçado, em alguns dos argumentos maiores, suas próprias afirmações das quais faziam parte as opiniões do Dr. X.

Essa história ilustra também uma importante lição sobre a ordem em que as coisas são ditas: para manter a plateia envolvida, o escritor precisa explicar a que ele está respondendo — seja antes de fornecer essa resposta, seja, pelo menos, logo no início da discussão. Atrasar essa explanação por mais de um ou dois parágrafos em um texto muito curto, três ou quatro páginas em um texto mais longo, ou mais de dez páginas em um livro reverte a ordem natural em que os leitores processam as informações e os escritores pensam e desenvolvem ideias.

Portanto, quando se trata de construir um argumento (oralmente ou por escrito), damos o seguinte conselho: lembre-se de que você está entrando em uma conversa e, portanto, é necessário começar com "o que os outros estão dizendo", como o título deste capítulo recomenda e, em seguida, você apresenta suas próprias ideias como resposta. De forma específica, sugerimos que você resuma o que está "Na opinião deles" assim que puder no seu texto, e lembre isso aos leitores em pontos estratégicos conforme o texto se desenrola. Embora seja verdade que nem todos os textos seguem essa prática, achamos que é importante que todos os escritores a dominem antes de partir dela.

Isso não quer dizer que você deva começar com uma lista detalhada de todos que escreveram sobre o assunto antes de você apresentar suas próprias ideias. Caso nosso conferencista tivesse ido ao extremo oposto e passasse a maior parte de sua palestra resumindo os críticos do Dr. X sem nenhum indício do que ele mesmo tinha a dizer, a plateia provavelmente teria a mesma reação de "por que é que ele está continuando assim?" O que sugerimos, então, é que tão logo seja possível você afirme sua própria posição e aquela a que está respondendo. Faça isso e demonstre que você pensa nas duas como uma unidade. Em geral, é melhor resumir as ideias às quais você está respondendo de forma breve, no início do texto, e atrasar a elaboração detalhada até mais tarde. O objetivo é dar aos leitores uma prévia sobre o que está motivando seu argumento, a fim de não afogá-los em detalhes imediatamente.

Começar com um resumo das opiniões dos outros pode parecer contradizer o conselho comum de que os escritores devem conduzir com sua própria tese ou afirmação. Apesar de concordarmos que não devemos manter os leitores em suspense por tempo demais sobre seu argumento central, também acreditamos que é necessário apresentar esse argumento como parte de um grande argumento, o que indica alguma coisa sobre os argumentos dos outros que estão apoiando, opondo-se, alterando, ampliando ou qualificando. Há outro benefício de resumir os pontos de vista dos outros, logo que possível: deixar que os outros façam parte do trabalho de estruturação e clarificação da questão que você está escrevendo.

Considere, por exemplo, como George Orwell começa seu famoso ensaio *Política e a língua inglesa*, com o que os outros estão dizendo.

> A maioria das pessoas que se incomoda com o assunto de qualquer modo admitiria que a língua inglesa está de uma maneira ruim, mas se assume geralmente que não podemos de forma consciente fazer nada sobre isso. Nossa civilização está decadente e nossa língua – assim o argumento funciona – deve compartilhar inevitavelmente do colapso geral.

> [Mas] o processo é reversível. O inglês moderno... está repleto de maus hábitos... que podem ser evitados se a pessoa está disposta a dar-se o necessário trabalho.
>
> George Owell, *Politics and the English language*[1]

Em resumo, Orwell está dizendo: "A maioria assume que não podemos fazer nada sobre o mau estado da língua inglesa. Mas eu digo que nós podemos".

É claro, há muitas outras maneiras eficientes para começar. Em vez de abrir com os pontos de vista de outrem, é possível começar com uma citação ilustrativa, um fato revelador ou estatístico ou — como fazemos neste capítulo — com um caso interessante apropriado. Se você escolher um desses formatos, entretanto, tenha certeza de que isso, de alguma forma, ilustra o ponto de vista de que você está tratando ou leva a este de forma direta, com um mínimo de etapas.

Na abertura deste capítulo, por exemplo, dedicamos o primeiro parágrafo a um caso interessante sobre o conferencista e então nos movemos rapidamente no início do segundo parágrafo para o conceito errôneo sobre escrita exemplificada pelo palestrante. Na abertura a seguir, retirada de artigo de opinião publicado na seção de resenhas de livros do jornal *The New York Times*, Cristina Nehring também faz um movimento de forma rápida com um caso interessante que ilustra algo que seu próprio argumento defende — que os amantes de livros são convencidos.

> "Eu sou leitor!", anunciou o botão amarelo. "E você?", perguntou. Olhei para seu carregador, um jovem forte, que está se aproximando silenciosamente da Feira de Livros da minha cidade. "Aposto que você é leitor", ele se ofereceu como voluntário, como se fôssemos dois gênios bem compatíveis. "Não", respondi. "Não sou mesmo", eu queria gritar e atirar minha bolsa da Barnes & Noble nos pés dele. Ao invés disso, murmurei algo me desculpando e entrei na multidão.

---

1. Política e a língua inglesa. (N.T.)

Há uma nova crença no ar: a autofelicitação dos amantes de livros.
Christina Nehring, *Books make you a boring person*[2]

O caso interessante de Nehring é realmente do tipo "Na opinião deles": os amantes de livros continuam dizendo a si próprios como são importantes.

MODELOS PARA INTRODUZIR O QUE ESTÁ "NA OPINIÃO DELES"

Há muitas maneiras convencionais de introduzir o que os outros estão dizendo. Aqui estão alguns modelos-padrão que teríamos recomendado ao nosso conferencista.

- Vários sociólogos têm sugerido recentemente que o trabalho de X apresenta vários problemas fundamentais.
- Tornou-se comum hoje rejeitar ___________.
- Em seu recente trabalho, Y e Z fizeram duras críticas sobre ___________ em relação à (ao) ___________.

MODELOS PARA INTRODUZIR "PONTOS DE VISTA PADRONIZADOS"

Os modelos a seguir podem ajudá-lo a fazer o que chamamos de movimento de "ponto de vista padronizados", em que você apresenta um ponto de vista que se tornou amplamente aceito e agora é essencialmente a forma convencional de pensar sobre um tópico. Os americanos sempre acreditam que o esforço individual pode triunfar sobre as circunstâncias.

2. Livros fazem de você uma pessoa chata. (N.T.)

- Segundo a visão convencional, ___________.

- O senso comum parece ditar ___________.

- De acordo com X, a forma-padrão de pensar sobre o tópico X é ___________.

- Costuma-se dizer que___________.

- Minha vida inteira ouvi dizer que ___________.

- Você pode pensar que ___________.

- Muitas pessoas acham que ___________.

Esses modelos são consagrados porque oferecem uma maneira rápida e eficiente para executar um dos movimentos mais comuns que os escritores fazem: desafiar crenças amplamente aceitas, colocando-as em xeque e analisando seus pontos fortes e fracos.

MODELOS PARA TRANFORMAR ALGO QUE ESTÁ "NA OPINIÃO DELES" EM ALGO QUE ESTÁ EM SUA OPINIÃO

Outra forma de introduzir os pontos de vista aos quais vocês está respondendo é apresentá-los como seus próprios. Ou seja, o "Na opinião deles" a que você responde não precisa ser uma opinião defendida por outros, pode ser uma que você mesmo já defendeu ou uma sobre a qual você é ambivalente.

- Sempre acreditei que museus são chatos.

- Quando eu era criança, costumava pensar que ___________.

- Embora eu devesse saber das coisas a essa altura, não posso deixar de pensar que ___________.

- Ao mesmo tempo em que eu acredito que ___________, também creio que ___________.

MODELOS PARA INTRODUZIR ALGO IMPLÍCITO OU SUPOSTO

Outro movimento sofisticado que um escritor pode fazer é resumir um argumento que não foi declarado diretamente no que está "Na opinião deles", mas está implícito ou suposto.

- Embora nenhum deles jamais tenha dito isso tão diretamente, meus professores muitas vezes me dão impressão de que a educação abrirá portas.
- Uma implicação do tratamento X sobre ___________ é que ___________.
- X, aparentemente, assume que ___________.
- Embora eles raramente admitam isto, ___________ com frequência acham normal que___________.

Esses são modelos que podem ajudá-lo a pensar de forma analítica, a olhar além do que os outros dizem de modo explícito e a considerar suas premissas não declaradas, bem como as implicações de seus pontos de vista.

MODELOS PARA INTRODUZIR UM DEBATE EM CURSO

Às vezes, você deseja abrir um debate resumindo dois ou mais pontos de vista. Esse tipo de abertura demonstra sua consciência de que existem formas conflitantes de olhar para o assunto, a marca evidente de alguém que conhece o assunto e, portanto, é provável que seja um guia seguro e confiável. Além disso, a abertura com um resumo de um debate pode ajudar a explorar a questão sobre a qual você está escrevendo antes de declarar seu próprio ponto de vista. Dessa forma, é possível usar o próprio processo de escrita para ajudá-lo a descobrir onde está em vez de ter que assumir uma posição antes que você esteja pronto para tal.

Aqui está um modelo básico para a abertura de um debate.

- Nas discussões de X, uma questão controversa tem sido/é ___________. Por um lado, ___________ alega que ___________. Por outro lado, ___________ sustenta que ___________. Outros [autores] ainda defendem que ___________. Minha opinião é ___________.

O cientista cognitivo Mark Aronoff utiliza esse tipo de modelo em um artigo sobre o funcionamento do cérebro humano.

> As teorias sobre como funciona a mente e o cérebro são dominadas há séculos por duas opiniões diferentes. Uma delas, o racionalismo, vê a mente humana como se tivesse vindo a este mundo mais ou menos formada, pré-programada em termos modernos. A outra vê a mente dos recém-nascidos como uma lousa branca, em grande parte não estruturada.
>
> Mark Aronoff, *Washington sleeped here*

Outra forma de abrir um debate é iniciar com uma proposição com as qual muitas pessoas concordam, a fim de destacar as ideias das quais muitos discordam.

- Quando se trata do tópico sobre ___________, a maioria de nós prontamente concorda que ___________. Embora essa concordância de opinião geralmente termine, no entanto, há a questão sobre ___________. Ao passo que alguns estão convencidos de que ___________, outros sustentam que ___________.

O escritor político Thomas Frank usa uma variação desse movimento.

> Que somos uma nação dividida é uma lamentação quase universal sobre este ano eleitoral amargo. Entretanto, a característica exata que nos divide, embora seja considerada elementar, permanece uma questão polêmica.
>
> Thomas Frank, *American psyche*[3]

MANTENHA O QUE ESTÁ "NA OPINIÃO DELES" EM VISTA

Não podemos fazer uma recomendação com insistência para manter em mente o que está "Na opinião deles" conforme você se desloca ao longo do resto de seu texto. Após resumir as ideias às quais você está respondendo desde o início, é muito importante continuar a mantê-las em vista. Os leitores não serão capazes de seguir sua resposta ao desenvolver o assunto, muito menos qualquer complicação que possa se apresentar, a não ser que você continue lembrando-lhes a que afirmações você está respondendo.

Em outras palavras, mesmo quando você estiver apresentando suas afirmações, você deve continuar retornando ao argumento motivador que está "Na opinião deles". Quanto mais longo e mais complicado for seu texto, maior a chance de que os leitores se esqueçam de quais ideias originalmente motivaram isso, não importa em que nível de clareza você as expôs no início. Em momentos estratégicos, ao longo do texto, recomendamos que inclua o que chamamos de "frases de retorno". Exemplo:

- Em conclusão, então, como sugeri anteriormente, os defensores de ___________ não podem afirmar isso das duas formas. Sua afirmação que ___________ está em contradição com a alegação de que ___________.

Nós mesmos utilizamos essas frases de retorno em todas as oportunidades neste livro, a fim de lembrar-lhe, do ponto de vista da

---

3. A psique norte-americana. (N.T.)

escrita que nosso livro questiona, que a boa escrita consiste em fazer afirmações verdadeiras, sem efeitos inteligentes ou lógicos sobre um determinado assunto, com pouca ou nenhuma referência ao que os outros dizem sobre ele.

Ao lembrar aos leitores as ideias às quais você está respondendo, as frases de retorno garantem que seu texto mantenha senso de missão e urgência do início ao fim. Em resumo, elas ajudam a garantir que seu argumento seja uma resposta verdadeira aos pontos de vista de outrem em vez de apenas fornecer um conjunto de observações sobre um determinado assunto. A diferença é enorme. Para dar uma resposta e dialogar com os outros, é necessário começar com o que os outros estão dizendo e continuar a mantê-lo na vista do leitor.

Exercícios

1. A seguir há uma lista de argumentos que carecem de um "Na opinião deles": como o palestrante na caricatura, na página 4, que declara que *A família Soprano* apresenta personagens complexos, esses argumentos parciais não conseguem explicar a qual ponto de vista estão respondendo, na verdade, estão tentando corrigir, acrescentar, qualificar, dificultar, e assim por diante. Sua tarefa neste exercício consiste em fornecer a cada argumento um contra-argumento. Sinta-se livre para usar qualquer um dos modelos neste capítulo que você julgar útil.

    a. Nossos experimentos sugerem que existem níveis perigosos de produtos químicos X nos lençóis freáticos de Ohio.
    b. As forças materiais impulsionam a história.
    c. Os defensores da psicologia freudiana questionam as noções-padrão de "racionalidade".
    d. Os alunos do sexo masculino geralmente monopolizam as discussões em sala de aula.
    e. O filme trata dos problemas de relacionamentos amorosos.

f. Tenho medo de que modelos como os apresentados neste livro reprimam minha criatividade.

2. A seguir há um modelo que retiramos da abertura do artigo "Não ponha culpa no consumidor", de David Zinczenko (p. 195). Use o modelo para estruturar uma passagem sobre um tema de sua própria escolha. O primeiro passo aqui deve ser o de encontrar uma ideia defendida por você das quais não somente os outros discordam, mas realmente julgam absurda (ou, como diz Zinczenko, digno de um monólogo de Jay Leno). Você pode escrever sobre um dos temas listados no exercício anterior (meio ambiente, esportes, relações de gênero, o significado de um livro ou filme) ou qualquer outro assunto que lhe interesse.

▸ Se alguma vez houve uma ideia feita sob medida para um monólogo de Jay Leno, esta foi a primeira: Será que não é como ____________? O que acontece com ____________? Eu por acaso concordo com ____________, mas, talvez, porque____________.

DOIS

"NA OPINIÃO DELA"

A arte de resumir

SE FOR VERDADE, como afirmamos neste livro que, para argumentar com persuasão, é necessário estar em diálogo com os outros, então resumir os argumentos de outrem é fundamental para seu arsenal de movimentos retóricos básicos. Como os escritores que fazem afirmações contundentes precisam mapear suas alegações em relação às das outras pessoas, é importante saber como resumir com eficácia o que elas dizem. (Estamos usando a palavra "resumo" aqui para nos referirmos a quaisquer informações de outrem que você apresenta com suas próprias palavras, incluindo as que você parafraseia.)

Muitos escritores evitam resumir, talvez porque não queiram se dar ao trabalho de voltar ao texto e argumentar, ou porque temem que dedicar tempo demais a ideias de outras pessoas lhes tirará as suas próprias. Quando precisam escrever uma resposta a um artigo, tais escritores podem fornecer suas próprias opiniões sobre o tema do artigo, embora dificilmente citem o que o próprio artigo argumenta ou diz. No extremo oposto, estão aqueles que não fazem nada, a não ser resumir. Com a falta de confiança, talvez, nas suas próprias ideias, esses escritores sobrecarregam tanto seus textos com resumos de outras ideias que sua própria voz se perde. E como esses resumos não são animados pelos interesses dos próprios escritores, costumam ser lidos como simples listas de coisas que X acha ou Y diz.

Como regra geral, um bom resumo exige o equilíbrio do que o autor original está dizendo com o foco do próprio escritor. Em termos gerais, um resumo deve, de uma só vez, ser fiel ao que o autor diz e, ao mesmo tempo, enfatizar os aspectos que interessam ao escritor. Chegar a esse ponto de equilíbrio pode ser complicado, pois significa enfrentar duas maneiras de ver de uma vez: para fora (em direção ao autor que está sendo resumido) e para dentro (em direção a você mesmo). Em última análise, significa ser respeitoso com os outros, mas saber colocar-se também.

POR UM LADO, PONHA-SE NO LUGAR DO OUTRO

Para escrever um resumo muito bom, você deve ser capaz de separar-se de suas próprias crenças por um tempo e se colocar no lugar do outro. Isso significa jogar o que o teórico de produção de texto Peter Elbow chama de "jogo de acreditar", no qual você tenta habitar na visão de mundo daqueles de cuja conversa você está fazendo parte, da qual você, talvez, até mesmo discorde e tente ver os argumentos a partir da perspectiva deles. Essa capacidade de separar temporariamente as próprias convicções é uma marca de bons atores, que devem, de forma convincente, "se tornar" personagens que na vida real podem detestar. Como escritor, quando você jogar bem o jogo de acreditar, os leitores não serão capazes de dizer se você concorda com as ideias que está resumindo ou discorda delas.

Se, como escritor, você não pode ou não vai se separar de suas próprias crenças, é provável que você produza resumos que são tão obviamente tendenciosos que minam sua credibilidade junto aos leitores. Avalie o seguinte resumo.

> O artigo de David Zinczenko, "Não ponha a culpa no consumidor", nada mais é do que um discurso exasperado no qual acusa a empresa de *fast-food* de uma conspiração do mal para engordar as pessoas. Discordo, porque essas empresas têm de fazer dinheiro...

Se você analisar o que Zinczenko realmente diz (p. 139-41), você verá de imediato que o artigo equivale a uma distorção desleal do resumo. Embora Zinczenko de fato afirme que as práticas da indústria do *fast-food* têm o efeito de engordar as pessoas, seu tom nunca é "exasperado", e ele nunca vai tão longe a ponto de sugerir que a indústria de *fast-food* conspira para que as pessoas fiquem gordas com uma intenção deliberadamente maligna.

Outro sinal de incapacidade desse escritor para dar a Zinczenko um julgamento justo é a forma precipitada com que ele abandona o resumo depois de apenas uma frase e se precipita sobre sua própria resposta. De fato, como aponta o professor de escrita Karen Lunsford (cuja própria investigação centra-se na teoria da argumentação), é padrão nas ciências sociais e naturais resumir o trabalho dos outros rapidamente, em uma frase ou expressão incisiva, como no exemplo a seguir.

> Vários estudos (Crackle, 1992; Pop, de 2001; Snap, 1987) sugerem que estas políticas são inócuas: além disso, outros estudos (Dick, 2002; Harry, 2003; Tom, 1987) afirmam que eles ainda apresentam benefícios.

Mas, se sua tarefa é responder por escrito a um único autor, como Zinczenko, você precisará informar a seus leitores o suficiente sobre o argumento dele, de forma que eles possam avaliar seus méritos por conta própria, independente de você.

Quando um escritor não consegue fornecer um resumo suficiente ou se engajar em um resumo rigoroso ou sério o suficiente, sempre sucumbe ao que chamamos de "síndrome do clichê mais próximo": o que é resumido, não é a visão do autor em questão, mas um clichê familiar que o autor confunde com seu próprio ponto de vista (por vezes, porque o escritor acredita nisso e equivocadamente supõe que o autor também). Assim, por exemplo, a defesa apaixonada de desobediência civil de Martin Luther King Jr. na "Carta da prisão de Birmingham" não pode ser resumida somente como a defesa de protesto político que realmente é, mas como um apelo para que todos "só se entendam". Da mesma forma, a crítica de Zinczenko da indústria de *fast-food* pode ser resumida como um apelo para que as pessoas obesas assumam a responsabilidade por seu peso.

Sempre que dialogar com outros no texto, é extremamente importante que você volte ao que os outros disseram, e que não confunda isso com algo em que você já acredita. Um escritor que não consegue fazer isso acaba essencialmente dialogando com outras pessoas imaginárias que são realmente apenas os produtos de suas próprias inclinações e preconceitos.

POR OUTRO LADO, SAIBA AONDE VOCÊ ESTÁ INDO

De forma paradoxal, ao mesmo tempo em que resumir outro texto requer que você represente de modo correto o que ele diz, também exige que sua própria resposta exerça uma influência silenciosa. Uma boa síntese tem um foco ou ponto de vista que permite ajuste a sua própria agenda.

Assim, se você está escrevendo em resposta ao artigo de Zinczenko, você será capaz de ver que um artigo sobre a indústria de *fast-food* em geral exigirá um resumo muito diferente de um artigo sobre cuidados dos filhos, regulamentação empresarial ou rótulos de advertência. Caso você queira que seu artigo contemple todos os três temas, você precisará subordinar essas três questões a uma das afirmações gerais de Zinczenko e, em seguida, certificar-se de que essa afirmação geral configura seu próprio argumento.

Por exemplo, imagine que você queira argumentar que os pais, e não as empresas de *fast-food*, são os culpados pela obesidade das crianças. Para sustentar esse argumento, talvez você queira contemplar um resumo que destaca o que Zinczenko diz sobre a indústria de *fast-food* e os pais. Analise este exemplo.

> Em seu artigo “Não ponha a culpa no consumidor”, David Zinczenko acusa a indústria de *fast-food* de incentivar a assim chamada epidemia de obesidade dos dias de hoje, não só por não fornecer rótulos adequados de advertência em alimentos com alto teor calórico, mas também por preencher uma lacuna nutricional nas vidas das crianças deixadas por pais sobrecarregados de trabalho. Com muitos pais trabalhando longas horas e incapazes de acompanhar o que os filhos comem, Zinczenko afirma que as crianças de hoje são facilmente vítimadas por alimentos calóricos de baixo custo, para os quais as cadeias de *fast-food* estão

> ávidas para vender. Quando ele era jovem, por exemplo, sua mãe solteira trabalhava fora, ele comia no Taco Bell, McDonald's e outras cadeias de *fast-food* com regularidade e acabou ficando obeso. A esperança de Zinczenko é que, com a nova onda de processos contra a indústria de alimentos, outras crianças com pais que trabalham terão escolhas mais saudáveis disponíveis, e não ficarão obesas.
>
> No meu entender, porém, são os pais, e não as empresas de alimentos, os responsáveis pela obesidade de seus filhos. Embora seja verdade que muitos pais de hoje trabalhem longas horas, ainda há várias coisas que os pais podem fazer para garantir que seus filhos comam alimentos saudáveis.

O resumo no primeiro parágrafo é bem-sucedido, pois aponta para duas direções ao mesmo tempo, tanto para o próprio texto de Zinczenko quanto para o segundo parágrafo, no qual a autora começa a estabelecer seu próprio argumento. A frase de abertura dá o sentido do argumento geral de Zinczenko (de que as cadeias de *fast-food* são as culpadas pela obesidade), incluindo suas duas principais afirmações de apoio (sobre os rótulos de advertência e os pais), mas que termina com uma ênfase na principal preocupação do escritor: a responsabilidade dos pais. Dessa forma, o resumo faz justiça aos argumentos de Zinczenko ao mesmo tempo em que suscita uma crítica adequada.

Esse conselho, para resumir autores levando em conta seus próprios argumentos, pode parecer bastante óbvio. Mas os escritores frequentemente resumem um determinado autor sobre um certo assunto, embora seu texto de fato se concentre em outro. Para evitar esse problema, é necessário ter certeza de que seu "Na opinião deles" e "Em minha opinião" estejam bem entrosados.

Muitas vezes os escritores que resumem sem levar em conta seus próprios interesses se veem vítimas do que poderia ser chamado de "resumos de lista", resumos que simplesmente inventariam os vários pontos do original, mas não conseguem focar os pontos em torno da afirmação global maior. Se você já ouviu uma conversa em que os pontos

FIGURA 3

foram conectados apenas por palavras como "e depois", "também" e "além disso", você saberá o quanto essas listas podem fazer os ouvintes dormir, conforme mostrado na figura 3. Um típico resumo de lista é parecido com este.

> O autor afirma muitas coisas diferentes sobre o assunto. Primeiro ele diz. . . . Então ele alega que... . . Além disso, ele esclarece que... . . E então ele escreve que... Ele também mostra que... E então afirma que...

Os resumos de lista podem ser enfadonhos como esses que dão aos resumos, em geral, um nome ruim e até mesmo motivam os professores a dissuadir os alunos de fazer resumo de qualquer maneira.

Em conclusão, escrever um bom resumo não significa apenas reapresentar o ponto de vista do autor com precisão, mas fazê-lo de maneira que se ajuste a sua agenda maior de sua própria composição. Por um lado, isso significa jogar o jogo de acreditar de Peter Elbow e fazer justiça com a fonte; se o resumo ignora ou representa mal a fonte, aparecerão sua parcialidade e injustiça. Por outro lado, mesmo que se faça justiça com a fonte, um resumo precisa ter uma inclinação ou ponto de vista que prepara o caminho para suas próprias afirmações. Depois que um resumo entrar em seu texto, você deve pensar nisso como uma articulação que reflete tanto a fonte que você está resumindo quanto suas próprias ideias.

RESUMIR DE FORMA SATÍRICA

Até agora, neste capítulo, afirmamos que, como regra geral, bons resumos exigem um equilíbrio entre o que outros afirmam e seus próprios interesses como escritor. Agora, porém, queremos tratar de uma exceção a essa regra: o resumo satírico, em que um escritor deliberadamente dá seu ponto de vista ao argumento de outra pessoa, a fim de revelar uma falha gritante nele. Apesar de nossos comentários anteriores de que resumos bem elaborados geralmente encontram um ponto de equilíbrio entre dar atenção ao que os outros disseram e seus próprios interesses independentes, o modo satírico às vezes pode ser uma forma muito eficaz de crítica, porque permite que o resumo do argumento condene sem expressar explicitamente por você, o escritor. Se você já assistiu ao *The daily show*, deve se lembrar de que muitas vezes esse programa resume apenas coisas engraçadas que líderes políticos disseram ou fizeram, deixando suas palavras ou ações comprometê-los.

Analise outro exemplo. No fim de setembro de 2001, o ex-presidente George W. Bush, em um discurso no Congresso, pediu à nação "a participação contínua e confiança na economia norte-americana" como meio de recuperação dos ataques terroristas de 11 de setembro. O jornalista Allan Sloan criticou a proposta simplesmente resumindo-a, observando que o presidente tinha igualado o "patriotismo com o consumismo". "Atingir o limite máximo dos cartões de crédito no *shopping center* não era satisfação dos desejos, era uma maneira de voltar a antes de Osama

Bin Laden." O resumo de Sloan não deixa dúvidas de que a proposta de Bush é ridícula ou pelo menos simplista demais.

UTILIZE VERBOS DE SINALIZAÇÃO QUE SE ENCAIXAM NA AÇÃO

Ao introduzir resumos, procure evitar fórmulas insípidas como "ela diz" ou "eles acreditam". Embora expressões como essas sejam, às vezes, bastante úteis, muitas vezes não refletem exatamente o que foi dito. Em alguns casos, "ele diz" pode até tirar a paixão das ideias que você está resumindo.

Suspeitamos de que o hábito de ignorar a ação que resumimos se origina de uma crença equivocada mencionada anteriormente de que a escrita consiste em não se arriscar e não causar problemas, uma questão de acumular verdades e conhecimento em vez de um processo dinâmico de fazer coisas para e com outras pessoas. As pessoas que não hesitariam dizer que "X totalmente deturpou", "atacou" ou "amou" alguma coisa, ao conversar com os amigos, frequentemente optarão em seu texto por usar expressões muito mais comportadas e, até mesmo, menos precisas, como "X disse".

Entretanto, os autores que você resume no nível universitário raramente só "dizem" ou "discutem" coisas; eles as "preconizam", "salientam" e "reclamam" delas. Para David Zinczenko, por exemplo, não basta dizer que as empresas de *fast-food* contribuem para a obesidade, ele reclama do que eles fazem ou protestam contra o que fazem; ele desafia, castiga e acusa essas empresas. A Declaração de Independência dos EUA não só fala sobre o tratamento das colônias pelos britânicos, mas protesta contra ele. Para fazer justiça aos autores que você cita, recomendamos que, ao resumir ou apresentar uma citação, use os verbos vivos e precisos de indicação o mais frequentemente possível. Embora "ele diz" ou "ela acredita" sejam, às vezes, as formas mais apropriadas para a ocasião, o texto será muitas vezes mais preciso e animado se você adaptar os verbos para atender às ações precisas as quais está descrevendo.

MODELOS PARA INTRODUZIR RESUMOS E CITAÇÕES

- Ela defende uma revisão radical do sistema jurídico sobre menores.
- Eles observam o fato de que ____________.
- ____________, admite ele.

VERBOS PARA INTRODUZIR RESUMOS E CITAÇÕES

VERBOS PARA FAZER UMA AFIRMAÇÃO

argumentar
afirmar
acreditar
alegar
enfatizar/salientar/ressaltar/frisar
insistir
mencionar
fazer lembrar a alguém
relatar
sugerir

VERBOS PARA EXPRESSAR CONCORDÂNCIA DE OPINIÃO

reconhecer
admirar
concordar
defender
enaltecer
elogiar
observar o fato de que
corroborar
não negar
reafirmar
sustentar
verificar

VERBOS PARA QUESTIONAR OU DISCORDAR

reclamar
complicar
argumentar
contradizer
recusar
rechaçar
fazer ressalva
questionar
refutar
rejeitar
renunciar
repudiar

VERBOS PARA FAZER RECOMENDAÇÕES

defender
preconizar
exigir
incentivar
aconselhar
implorar
apelar
recomendar
urgir
advertir

Exercícios

1. Para ter uma ideia do jogo de acreditar de Peter Elbow, escreva um resumo de alguma crença da qual você discorda com veemência. Em seguida, escreva um resumo da posição que você de fato mantém sobre o tópico. Dê dois resumos para um colega ou dois, e veja se ele(s) consegue(m) descobrir que posição você defende. Caso você tenha se saído bem, eles não conseguirão descobrir.

2. Escreva dois resumos diferentes sobre o artigo "Não ponha a culpa nos consumidores" de David Zinczenko (p. 195-97). Escreva o, primeiro sobre um texto que argumente que, ao contrário do que alega Zinczenko, existem alternativas baratas e fáceis aos restaurantes de *fast-food*. Escreva o segundo sobre um texto que questione o fato de que ser obeso é problema genuinamente médico, em vez de ser um problema de estereótipos culturais. Compare os dois resumos: apesar de serem sobre o mesmo artigo, devem parecer muito diferentes.

TRÊS

"CONFORME O PRÓPRIO AUTOR"

A arte de fazer citação

A PRINCIPAL PREMISSA deste livro é que, para lançar um argumento eficaz, é necessário escrever os argumentos dos outros em seu texto. Uma das melhores maneiras de fazer isso não é só resumindo o que está "Na opinião deles", conforme sugerido no capítulo 2, mas citando as palavras exatas deles. Citar as palavras de outrem traz uma quantidade enorme de credibilidade a seu resumo e ajuda a garantir que é justo e preciso. Nesse sentido, as citações funcionam como uma espécie de evidência, dizendo aos leitores: "Olha, não estou simplesmente inventando isso. Ela faz essa afirmação e aqui está nas palavras exatas dela".

No entanto, muitos autores cometem uma série de erros quando se trata de citação. Um dos mais importantes é a falta de citação suficiente, em primeiro lugar, ou absolutamente nada. Alguns escritores citam tão pouco talvez porque não queiram se dar ao trabalho de voltar ao texto original e procurar as palavras exatas do autor, ou porque acham que podem reconstruir as ideias do autor a partir da memória. No extremo oposto, estão os escritores que citam de forma excessiva, que acabam com textos que carecem de comentário deles próprios, talvez por falta de confiança na sua capacidade de comentar as citações ou porque não entendem completamente o que citaram e, portanto, têm dificuldade em explicar o que significam as citações.

Contudo, o principal problema de citar surge quando os escritores assumem que as citações falam por si só. Porque o significado de uma citação é óbvio para eles, muitos escritores assumem que esse significado também será óbvio para seus leitores, quando muitas vezes não o é. Os escritores que cometem esse erro pensam que seu trabalho está terminado quando escolheram uma citação e a inseriram no texto. Esboçam um texto, jogam algumas citações, misturam tudo e está pronto.

Tais escritores não conseguem ver que a citação significa mais do que anexar o que está "Na opinião deles" entre aspas. De certa forma, as citações são órfãs: as palavras foram tiradas de seus contextos originais e precisam ser integradas ao novo ambiente textual. Este capítulo oferece dois caminhos principais para produzir esse tipo de integração: (1) escolher as citações de forma inteligente, com um olho na adequação para apoiar uma parte específica do texto; (2) cobrir todas as citações importantes com uma estrutura que explica a quem pertencem as palavras, o que significa a citação e como a citação se refere a seu próprio texto. O ponto que quero enfatizar é que citar o que está "Na opinião deles" deve estar sempre relacionado com o que você diz.

CITE PASSAGENS PERTINENTES

Antes de selecionar citações apropriadas, é necessário ter uma noção do que você vai querer fazer com elas, isto é, como elas apoiarão seu texto em um determinado ponto em que você as incluirá. Tenha cuidado para não selecionar citações apenas por uma questão de demonstrar que você já leu a obra do autor. É preciso verificar se elas sustentam seu próprio argumento.

No entanto, encontrar citações pertinentes nem sempre é fácil. Na verdade, às vezes, as citações que inicialmente foram relevantes para seu argumento, ou a um ponto-chave nele, se tornam menos importantes assim como o texto muda durante o processo de escrita e revisão. Dado o caráter evolutivo e confuso da escrita, às vezes, você pode pensar que encontrou a citação perfeita para apoiar seu argumento, só para descobrir mais tarde, com o desenrolar do texto, que o foco mudou e a citação não funciona mais. Pode ser um pouco enganador, então, falar sobre encontrar sua tese e encontrar citações pertinentes, já que são duas etapas distintas, uma após a outra. Quando você está profundamente envolvido no processo de escrita e revisão, há em geral uma grande quantidade de vai-e-vem entre seu argumento e todas as citações selecionadas.

ESTRUTURE CADA CITAÇÃO

Encontrar as citações pertinentes é apenas parte do seu trabalho. Também é preciso apresentá-las de uma forma que torne sua relevância e significado claros para os leitores. Como as citações não falam por si só, faz-se necessário construir uma estrutura em torno delas na qual você as faz falar por elas mesmas.

As citações que são inseridas em um texto sem essa estrutura são, às vezes, chamadas de citações "penduradas" por causa da forma que são deixadas penduradas sem qualquer explicação. Um ex-professor-assistente de pós-graduação com quem trabalhamos, Steve Benton, chama isso de citações "batida de leve", comparando-as a acidentes de carro em que o condutor foge e evita assumir responsabilidade pela batida no para-choque ou pelas lanternas traseiras quebradas, conforme a figura 4.

A seguir, há uma típica citação relâmpago feita por um escritor ao responder a um artigo da filósofa feminista Susan Bordo, que lamenta que os meios de comunicação exerçam pressão sobre as mulheres jovens sobre dieta, e que estão se espalhando por regiões antes isoladas do mundo como as ilhas Fiji.

> Susan Bordo escreve sobre as mulheres e dietas. "Fiji é só um exemplo. Até a introdução da televisão em 1995, não havia casos de transtornos alimentares nas ilhas. Em 1998, três anos depois, os programas dos Estados Unidos e Grã-Bretanha começaram a ser transmitidos lá, 62% das meninas pesquisadas informaram que faziam dietas".
>
> Acho que Bordo está certa. Outra afirmação de Bordo é que...

FIGURA 4

Como esse escritor não consegue introduzir a citação de forma adequada ou explicar por que ele acha que vale a pena citá-la, os leitores terão dificuldade para reconstruir o que Bordo afirmou. Além de deixar de dizer quem é Bordo ou até mesmo que as palavras citadas são dela, o escritor não explica como as palavras dela se relacionam com qualquer coisa que ele está dizendo ou mesmo o que ela diz que ele pensa que é tão "certo". Ele simplesmente abandona a citação com pressa para disparar para outro argumento.

Para estruturar a citação de forma adequada, é preciso inseri-la no que gostamos de chamar de "sanduíche de citação", com a afirmação que a introduz servindo como corte superior do pão e a seguinte explicação que serve como a fatia inferior. As afirmações introdutórias ou de *lead-in* devem explicar quem está falando e estabelecer o que a citação diz. As afirmações de acompanhamento devem explicar por que você considera que a citação seja importante e o que é necessário dizer.

MODELOS PARA INTRODUZIR CITAÇÕES

- X afirma que "nem todos os esteroides devem ser banidos dos esportes".
- Segundo o proeminente filósofo, "____________".
- De acordo com X, "____________".
- O próprio X escreve que "____________".
- No livro da autora, ____________, ela sustenta que "____________".
- Ao escrever na revista científica/periódico/jornal, X reclama que "____________"
- No ponto de vista de X, "____________".
- X concorda quando ela escreve "____________".
- X discorda quando ele escreve "____________".
- X complica ainda mais quando ela escreve sobre "____________".

MODELOS PARA EXPLICAR CITAÇÕES

O único conselho sobre citar, que nossos alunos dizem que consideram mais útil, é seguir cada citação principal explicando o que significa, usando um modelo como um dos muitos a seguir.

- Em conclusão, X está advertindo que a solução proposta somente agravará o problema.
- Em outras palavras, X acredita que ____________.

- Ao fazer este comentário, X nos recomenda ________.
- X está confirmando o antigo adágio de que ________.
- O objetivo de X é ________.
- O ponto fundamento do argumento X é que ________.

Ao fornecer tais explicações, é importante usar expressões que refletem com precisão o espírito do trecho citado. É bastante útil escrever "Bordo afirma" ou "assevera que" ao introduzir a citação sobre Fiji. Contudo, dado o fato de que Bordo está claramente assustada com a extensão do alcance da mídia em relação a Fiji, é muito mais preciso utilizar expressões que refletem o temor dela: "Bordo está assustada com" ou "está incomodada com" ou "reclama que".

Veja p. 38-39 para obter uma lista de verbos de ação para resumir o que os outros dizem.

Considere, por exemplo, como o trecho anterior de Bordo poderia ser revisto, utilizando alguns desses movimentos.

> A filósofa feminista Susan Bordo lamenta a obsessão da mídia ocidental com a magreza feminina e dietas. Sua principal queixa é que um número crescente de mulheres, em todo o mundo, está sendo levado a se ver como gordas e com necessidade de fazer dietas. Ao citar as ilhas de Fiji como um caso em questão, Bordo observa que "até a introdução da televisão em 1995, as ilhas não tinham casos de transtornos alimentares. Em 1998, três anos depois que os programas dos Estados Unidos e Grã-Bretanha começaram a ser transmitidos lá, 62% das meninas pesquisadas informaram que faziam dietas" (149-150). O argumento de Bordo é que a cultura ocidental da dieta está se espalhando até mesmo para lugares remotos ao redor do mundo. Finalmente, Bordo reclama: a cultura da dieta encontrará você, independentemente de onde você viver.

> As observações de Bordo parecem ser verdadeiras para mim, porque, agora que penso nisso, a maioria das mulheres que conheço, independentemente da origem, está seriamente infeliz com o peso...

Essa estruturação da citação não apenas integra melhor as palavras de Bordo no texto do escritor, mas também serve para demonstrar a interpretação do escritor do que Bordo está dizendo. Ainda que "filósofa feminista" e "Bordo observa" forneçam informações que os leitores precisam saber, as frases que acompanham a citação constroem uma ponte entre as palavras de Bordo e as do escritor. A referência aos 62% sobre as meninas de Fiji que fazem dieta já não é uma estatística inerte (como era no trecho com falhas apresentado anteriormente), mas um exemplo quantitativo de como "o culto ocidental da dieta está se espalhando... em todo o globo". Importantes da mesma forma, essas frases explicam o que Bordo está dizendo nas próprias palavras do escritor e, portanto, deixam claro que a citação está sendo usada propositadamente para estabelecer o próprio argumento do escritor e não foi incluída apenas para o preenchimento do texto ou lista de obras citadas.

MISTURE AS PALAVRAS DO AUTOR COM AS SUAS PRÓPRIAS

O material de estruturação anterior também funciona bem, porque representa com precisão as palavras de Bordo ao mesmo tempo dando àquelas palavras o próprio ponto de vista do escritor. Observe como o trecho se refere várias vezes ao conceito principal sobre dieta, e como este ecoa nas referências de Bordo à "televisão" e à "transmissão" dos EUA e Reino Unido ao se referir à "cultura", que é especificada mais adiante como "ocidental". Em vez de simplesmente repetir palavra por palavra de Bordo, as frases de acompanhamento ecoam de forma suficiente de seu estilo de escrever, ao mesmo tempo ainda movendo a discussão na direção do próprio escritor. Na verdade, a estruturação cria uma espécie de mistura híbrida das palavras de Bordo e as do escritor.

É POSSÍVEL EXAGERAR NA ANÁLISE DE UMA CITAÇÃO?

Mas será que é possível exagerar na explicação de uma citação? E como você sabe quando explica uma citação bem o suficiente? Afinal de contas, nem todas as citações requerem a mesma quantidade de estruturação explicativa, e não há regras rígidas e rápidas para saber quanta explicação qualquer citação precisa. Como regra geral, é necessária a estruturação mais explicativa para as citações que podem ser difíceis para os leitores processarem: as citações longas e complexas que são preenchidas com detalhes ou jargão, ou contêm complexidades ocultas.

Com isso, embora a situação particular costume ditar quando e quanto explicar uma citação, vamos dar ainda um conselho: em caso de dúvida, esforce-se ao máximo. É melhor correr o risco de ser demasiado explícito sobre o que você toma como citação para dar significado do que deixar a citação pendurada e seus leitores em dúvida. Na verdade, incentivamos que você forneça tal estruturação explicativa, mesmo quando se escreve para um público que sabe que está familiarizado com o autor a ser citado e é capaz de interpretar suas citações por conta própria. Mesmo nesses casos, os leitores precisam ver como você interpreta a citação, visto que as palavras – sobretudo aquelas de figuras polêmicas – podem ser interpretadas de várias maneiras e utilizadas para apoiar pautas diferentes, às vezes, antagônicas. Seus leitores necessitam ver o que você faz com o material que citou, só para ter certeza de que sua leitura do material e a deles está na mesma sintonia.

COMO NÃO INTRODUZIR CITAÇÕES

Gostaria de concluir este capítulo fazendo o levantamento de algumas maneiras de não introduzir citações. Embora alguns escritores façam isso, convém não introduzir citações dizendo algo como "Orwell afirma uma ideia de que" ou "A citação de Shakespeare diz". As frases introdutórias como essas são redundantes e enganosas. No primeiro exemplo, você poderia escrever "Orwell afirma que" ou "a afirmação de Orwell é que", em vez de combinar as duas de forma redundante. O segundo exemplo engana os leitores, já que é o escritor que está fazendo a citação, não Shakespeare (como "uma citação de Shakespeare" implica).

Os modelos neste livro vão ajudá-lo a evitar esses erros. Após dominar os modelos como "de acordo com X", ou "nas palavras do próprio X", talvez você nem mesmo terá de pensar sobre eles e estará livre para se focar em ideias desafiantes que os modelos ajudam a estruturar.

Exercícios

1. Encontre um texto publicado que cita algo que está "Na opinião deles". Como o escritor integrou a citação em seu próprio texto? Como introduziu a citação, e o que, na verdade, o escritor disse para explicá-la e amarrá-la no seu próprio texto? Com base no que você já leu neste capítulo, há algum mudança que você sugeriria?

2. Olhe para algo que você escreveu para uma de suas turmas. Você já citou alguma fonte? Se sim, como você integrou a citação em seu próprio texto? Como você a introduziu? Você explicou o que significava? Indicou como se relaciona com seu texto? Se você não tiver feito esses procedimentos, reveja seu texto para dar explicação e indicação, talvez usando os modelos para introduzir citações (p. 46) e explicar citações (p. 46-47). Se você não escrever nada utilizando citações, tente rever alguns textos acadêmicos que você já escreveu, acrescentando algumas.

PARTE 2
"EM MINHA OPINIÃO"

QUATRO

"SIM / NÃO / TUDO BEM, MAS"

Três maneiras de responder

NOS PRIMEIROS TRÊS capítulos deste livro discutimos a etapa de escrita "Na opinião deles", em que a atenção é voltada para as opiniões de alguma outra pessoa ou grupo. Neste capítulo, vamos para a etapa "Em minha opinião", na qual você fornece seus próprios argumentos como resposta ao que "os outros" disseram.

Partir para a etapa "Em minha opinião" pode ser assustador no meio acadêmico, onde muitas vezes parece que você precisa ser um especialista em um campo para ter argumento. Muitos alunos nos relataram que têm dificuldades para entrar em alguns dos diálogos de alto nível que ocorrem na universidade ou escola de pós-graduação, pois não têm conhecimento suficiente sobre o assunto em questão, ou porque, segundo eles, não são "inteligentes o suficiente". No entanto, muitas vezes esses mesmos alunos, quando têm a oportunidade de estudar em profundidade a contribuição que determinado estudioso fez em certo campo, virão e dirão coisas como: "Consigo perceber de onde ela é, o modo como ela expõe o caso com base no que outros estudiosos disseram. Talvez, se eu tivesse estudado mais o caso, poderia ter proposto um argumento semelhante". Esses alunos se deram conta de que bons argumentos não se baseiam em conhecimento a que apenas uma classe especial de especialistas tem acesso, mas nos hábitos do cotidiano do pensamento que podem ser isolados, identificados e utilizados por quase todo o mundo. Embora não haja certamente nenhum substituto para o conhecimento e para o saber o máximo possível sobre o próprio tópico, os argumentos que, finalmente, ganham a discussão são criados, como o título deste capítulo sugere, em alguns padrões retóricos muito básicos que a maioria de nós usa diariamente.

Existem muitas outras maneiras de responder às ideias dos outros, mas este capítulo se concentra nas três formas mais comuns e reconhecíveis: concordar, discordar, ou alguma combinação dos dois. Embora cada forma de responder seja aberta a variações infinitas, nos focamos em três, porque os leitores deparam-se com textos e colocam o escritor em um mapa mental que consiste de algumas opções familiares: o escritor concorda com aqueles aos quais ele ou ela está respondendo, não concorda com eles, ou apresenta alguma combinação de concordar e discordar.

Quando os escritores demoram demais para declarar sua posição relativa aos pontos de vista que sintetizaram ou citaram, os leitores ficam frustrados e pensam: "Ele ou ela está concordando ou discordando? Será que ele ou ela está a favor ao que essa outra pessoa disse, contra ele ou ela, ou o quê?" Por essa razão, o conselho neste capítulo se aplica à leitura, bem como à escrita. Sobretudo com textos difíceis, é necessário não só encontrar a posição à qual o escritor está respondendo – o "Na opinião deles"–, mas também determinar se o escritor está concordando com ela, contestando-a ou uma mistura dos dois.

SOMENTE TRÊS MANEIRAS PARA RESPONDER?

Talvez você se preocupe com o fato de enquadrar sua própria resposta em uma dessas três categorias, o que fará com que você simplifique demais seu argumento ou diminua sua complexidade, sutileza e originalidade. Essa é certamente uma preocupação séria para os acadêmicos que são justificadamente céticos sobre a escrita que é simplista e redutiva. Gostaríamos de afirmar, no entanto, que, quanto mais complexo e sutil for seu argumento e mais ele se afastar das formas convencionais que as pessoas pensam, mais seus leitores serão capazes de colocá-lo em seu mapa mental, a fim de processar a complexidade de detalhes apresentada. Ou seja, a complexidade, sutileza e originalidade de sua resposta tendem mais a se destacar e ser notadas caso os leitores tenham um sentido de ponto de partida de onde você está em relação a quaisquer ideias citadas. Ao avançar neste capítulo, esperamos que você concorde que as formas de concordar, discordar e as duas em combinação que discutimos. Longe de serem simplistas ou unidimensionais, são capazes de acomodar um elevado grau de criatividade e pensamento complexo.

Para começar sua resposta, sempre é uma boa tática não apresentar muitos detalhes, mas indicar com clareza se você concorda, discorda, ou os dois, utilizando uma fórmula direta, categórica, como, por exemplo: "Concordo", "Discordo", ou "Estou em dúvida". Concordo que ____________, mas não posso concordar que ____________". Uma vez fornecida uma dessas afirmações diretas (ou uma das muitas variações discutidas a seguir), os leitores terão uma compreensão de sua posição e, em seguida, serão capazes de avaliar as complicações que você continua a oferecer conforme sua resposta se desdobra.

Veja p. 21 para obter sugestões sobre pré-visualizar onde você está.

Entretanto, você pode objetar que essas três formas básicas de responder não contemplam todas as opções, pois ignoram respostas interpretativas e analíticas, por exemplo. Em outras palavras, você poderá pensar que, quando interpreta uma obra literária, não necessariamente concorda com tudo ou discorda de tudo, mas simplesmente explica o significado, estilo ou estrutura da obra. Muitos ensaios sobre literatura e artes apresentam essa forma, eles interpretam o significado de uma obra, tornando assim as questões sobre concordar ou discordar irrelevantes.

Gostaríamos de afirmar, contudo, que as interpretações mais interessantes de fato tendem a ser aquelas que concordam, discordam ou as duas, em vez de serem apresentadas com um viés. As melhores interpretações assumem posições fortes em relação a outras interpretações. Na verdade, não haveria razão para propor uma interpretação de uma obra de literatura e arte, a menos que você estivesse respondendo a interpretações ou possíveis interpretações de outrem. Mesmo quando você ressaltar as características ou qualidades de uma obra artística que os outros não notaram, está implicitamente discordando do que os intérpretes disseram, apontando que deixaram passar ou ignoraram algo que, em sua opinião, é importante. Dessa forma, em qualquer interpretação eficaz, não é necessário apenas expor o que você mesmo aceita da obra de arte para querer dizer algo, mas para fazê-lo em relação às interpretações de outros leitores, sejam especialistas profissionais, professores, colegas, sejam leitores hipotéticos (como em "Embora alguns leitores possam pensar que este poema diz respeito a __________, ele, de fato, fala sobre __________").

DISCORDE, MAS EXPLIQUE POR QUE

Discordar pode parecer um dos movimentos mais simples que um escritor pode fazer, e muitas vezes é a primeira coisa que as pessoas associam com pensamento crítico. Discordar pode ser a maneira mais fácil para gerar um texto: encontre algo do qual você pode discordar ou poderia ser dito sobre o assunto, resuma-o e argumente sobre ele. Mas discordar de fato traz desafios ocultos. É necessário fazer mais do que simplesmente afirmar que você concorda com um ponto de vista particular. Você também tem de fornecer motivos do porquê de sua discordância. Afinal de contas, discordar significa mais do que acrescentar um "não" ao que outros disseram, mais do que apenas dizer "Apesar de dizerem que os direitos das mulheres estão melhorando, em minha opinião, os direitos das mulheres não estão melhorando". Essa resposta só contradiz a visão à qual responde e deixa de acrescentar algo interessante ou novo. Para transformá-la em um argumento, é preciso fornecer razões para sustentar o que você diz: porque o argumento de outrem não consegue levar em conta fatores relevantes, porque se baseia em evidências insuficientes ou incompletas, porque se baseia em pressupostos questionáveis; ou porque usa a lógica falaciosa, é contraditório, ou ignora o que você toma para ser a verdadeira questão. Para avançar a conversa e, certamente, para justificar seu próprio ato de escrever, é necessário demonstrar que tem algo a contribuir.

Você pode até discordar, fazendo o que chamamos de movimento "isso é óbvio", no qual você discorda não da posição em si, mas do pressuposto que é uma revelação nova ou chocante. Aqui está um exemplo de tal movimento, usado para abrir um texto de 2003 sobre o estado das escolas dos EUA.

> De acordo com um relatório recente de alguns pesquisadores da Universidade de Stanford, os alunos do ensino médio com vontade de estudar na universidade muitas vezes carecem de informações fundamentais sobre o processo seletivo da universidade e sobre o nível de desempenho acadêmico exigido.
>
> Bem, isso é óbvio... Não deveriam pegar uma equipe de pesquisa de Stanford para nos dizer que quando se trata de "desempenho acadêmico", muitos alunos não têm a menor ideia.
>
> Gerald Graff, *Trickle-down obfuscation*[1]

Como todos os outros movimentos discutidos neste livro, o movimento "isso é óbvio" pode ser adaptado para atender às necessidades de praticamente qualquer situação de escrita. Se você achar que a expressão "isso é óbvio" é muito ousada para usar com seu público-alvo, você sempre pode dispensar o termo em si e escrever algo como "É verdade que__________, mas já sabíamos disso".

MODELOS PARA DISCORDAR, COM ARGUMENTOS

- X está equivocada, porque ignora as recentes descobertas de fósseis no Sul.
- A alegação de que __________ se baseia na suposição questionável de que __________.

1. O sinal de confusão. (N.T.)

- Discordo do ponto de vista de X de que ___________, porque, conforme mostram as pesquisas recentes,___________.

- A própria X se contradiz/X não pode ficar no muro. Por um lado, alega que ___________. Por outro lado, ela também diz ___________

- Ao abordar ___________, X não percebe o problema mais profundo de ___________.

Você também pode discordar, fazendo o que chamamos de movimento de "contorno", no qual você concorda com o argumento que outros apresentaram, mas mostra, por meio de um argumento lógico, que esse argumento na realidade suporta sua própria posição contrária. Por exemplo:

> X defende uma legislação mais rigorosa sobre controle de armas, dizendo que o índice de criminalidade está em alta e que precisamos restringir a circulação de armas. Concordo que o índice de criminalidade está aumentando, mas é exatamente por isso que me oponho a uma legislação mais rigorosa sobre controle de armas. Precisamos ter armas para nos proteger contra os criminosos.

Nesse exemplo do movimento de "contorno", o autor concorda com a afirmação de X de que o índice de criminalidade está subindo, mas, em seguida, argumenta que esse crescente índice de criminalidade é de fato um argumento válido para fazer oposição à legislação de controle de armas.

Às vezes, você pode estar relutante em expressar discordância, por vários motivos: não quer ser desagradável, ferir os sentimentos de outrem ou ficar vulnerável à oposição como reação. Uma dessas razões pode, de fato, explicar por que o conferencista que descrevemos no início do capítulo 1 evitou mencionar a discordância que teve com outros estudiosos até que ele foi provocado a fazê-lo no debate que seguiu a fala dele.

Até certo ponto, entendemos esses receios de entrar em conflito e nós próprios já passamos por isso, no entanto acreditamos que é melhor afirmar nossas divergências de forma franca, embora ponderada, do que negá-las. Afinal de contas, eliminar divergências não as faz desaparecer, só as empurra para debaixo do tapete, onde apodrecem sozinhas sem ser verificadas. No entanto, as divergências não precisam tomar a forma de comentários mordazes no nível pessoal. Ademais, normalmente não há razão para discordar de cada aspecto do ponto de vista dos outros. Você pode escolher criticar apenas os aspectos que já disseram que são preocupantes e, em seguida, concordar com o resto, embora tal abordagem, como veremos mais adiante neste capítulo, leve a um terreno um pouco mais complicado de concordar e discordar ou os dois ao mesmo tempo.

CONCORDE, MAS COM UMA DIFERENÇA

Como discordar, concordar é menos simples do que parece. Da mesma forma que você precisa evitar simplesmente contradizer as opiniões das quais você discorda, é necessário também fazer mais do que só repetir os pontos de vista com os quais você concorda. Mesmo quando você estiver concordando, é importante trazer à tona algo novo e diferente, acrescentando algo que faz de você um participante importante no debate.

Existem muitos movimentos que permitem que você contribua com algo de sua preferência para uma conversa, mesmo se concordar com o que alguém já disse. Você pode destacar algumas evidências não observadas ou linha de raciocínio que sustenta a afirmação de X que a própria X não havia mencionado. Você pode citar alguma experiência pessoal como apoio ou uma situação não mencionada por X, que pode ajudar os leitores a entender. Se os pontos de vista de X são particularmente desafiadores ou esotéricos, o que você traz à tona pode ser uma tradução acessível, uma explicação para os leitores que ainda não estão por dentro do assunto. Em outras palavras, seu texto pode ser útil para contribuir para o debate, simplesmente apontando implicações despercebidas ou explicando algo que precisa ser mais bem compreendido.

Seja qual for o modo de concordância de opinião que você escolher, o importante é explorar alguma diferença ou contraste entre sua posição e aquela com a qual você está concordando, em vez de simplesmente reproduzir o que diz.

MODELOS PARA CONCORDAR

- Concordo que a diversidade no corpo discente é um diferencial em termos educacionais, pois minha experiência na Central University confirma isso.

- X tem toda razão sobre ____________, porque, como ela pode não ter conhecimento, os estudos recentes mostram que ____________.

- A teoria de X sobre ____________ é de grande utilidade, porque lança luz sobre o difícil problema de ____________.

- Aqueles que não são familiarizados com este princípio podem estar interessados em saber que isso em suma se resume a ____________.

Alguns escritores evitam a prática de acordar quase tanto quanto os outros evitam discordar. Em uma cultura como a dos EUA, que aprecia originalidade, independência e individualismo competitivo, os escritores algumas vezes não gostam de admitir que outrem já levantou esse assunto, aparentemente chegando antes do que eles com vantagem. Em nossa opinião, contanto que você consiga apoiar um argumento tomado de outra pessoa sem meramente reproduzir o que já disseram, não há razão para se preocupar em ser "não original". Na verdade, há bons motivos para se alegrar quando você concordar com os outros, desde que estes possam dar credibilidade a seu argumento.

Embora você não queira se apresentar como uma mera imitação dos pontos de vista de outros, também é preciso evitar soar como uma voz solitária no deserto.

Mas esteja ciente de que sempre que você concorda com uma opinião de alguém, é provável que discorde de alguém. É difícil aderir a uma posição sem, pelo menos, haver um posicionamento implícito em relação aos outros. A psicóloga Carol Gilligan faz exatamente isso em um texto no qual ela está de acordo com os cientistas que argumentam que o cérebro humano é "conectado por cabos" para haver cooperação, mas, dessa forma, ela se coloca contra qualquer um que acredita que o cérebro é equipado para ter egoísmo e competição.

> Estas descobertas reúnem uma convergência crescente de evidências nas áreas de ciências humanas, causando uma mudança revolucionária na consciência... Se a cooperação, tipicamente associada com o altruísmo e autossacrifício, desencadear os mesmos sinais de deleite como prazeres comumente relacionados com o hedonismo e a permissividade, caso a oposição entre o egoísta e altruísta, o ego e a relação biologicamente não faça sentido, então, é necessário um novo paradigma para reformular os próprios termos do debate.
>
> Carol Gilligan, *Sisterhood is pleasurable: A quiet revolution in psychology*[2]

Ao concordar com alguns cientistas que "a oposição entre o egoísta e o altruísta... não faça sentido", Gilligan de forma implícita discorda de quem pensa que a oposição faz sentido. Em resumo, o que Gilligan diz poderia ser resumido a um modelo.

- Concordo que __________, mas um ponto ainda precisa ser enfatizado, pois muitas pessoas ainda acreditam que__________.

2. A irmandade é prazerosa: Uma revolução silenciosa na psicologia. (N.T.)

- Se o grupo X estiver certo de que ___________, como eu acho que está, então precisamos reavaliar o senso comum de que ___________.

O que esses modelos permitem, então, é concordar com um ponto de vista, ao mesmo tempo contestando outro, um movimento que leva para o domínio do concordar e discordar ao mesmo tempo.

CONCORDAR E DISCORDAR AO MESMO TEMPO

Esta última opção é muitas vezes nosso modo preferido de responder. Algo de que gostamos em especial sobre concordar e discordar ao mesmo tempo é que nos ajuda a ir além do tipo do intercâmbio de "é também" / "não é" que muitas vezes caracterizam as disputas de crianças e as gritarias mais polarizadas do rádio e TV.

MODELOS PARA CONCORDAR E DISCORDAR AO MESMO TEMPO

"Sim e não". "Sim, mas..." "Embora concorde até certo ponto, ainda insisto em que..." Estas são apenas algumas das maneiras para construir um argumento complicado e cheio de nuances, mantendo uma estrutura clara e de fácil leitura. A estrutura paralela – "sim e não", "por um lado, concordo, por outro lado, discordo" – permite aos leitores colocar o argumento nesse mapa de posições do qual falamos anteriormente neste capítulo, ao mesmo tempo ainda mantém seu argumento suficientemente complexo.

Outro aspecto de que gostamos dessa opção é que pode ser inclinado de maneira sutil para concordância ou discordância, dependendo do que se deseja enfatizar. Se você desejar frisar a discordância oposta, é possível utilizar um modelo como este a seguir.

- Embora eu esteja de acordo com X até certo ponto, eu não posso aceitar sua opinião preconcebida de que religião já não tem uma grande força nos dias de hoje.

De outro modo, se você quiser salientar sua concordância de opinião mais do que sua discordância, é possível um modelo como este.

- Embora discorde de muito do que X diz, concordo plenamente com sua conclusão final de que __________.

O primeiro modelo acima pode ser chamado de um movimento "sim, mas...," o segundo um movimento "não, mas...". Outras versões incluem o seguinte.

- Apesar de eu reconhecer que __________, eu ainda insisto em que__________.
- X está certo de que __________, mas ela parece estar em dúvida quando ela afirma que__________.
- Embora X talvez esteja equivocada ao afirmar que __________, ela está certa de que __________.
- Ao passo que X fornece ampla evidência de que __________, a pesquisa de Y e Z sobre __________ e __________ me convence de que __________, ao contrário.

Outra forma clássica de concordar e discordar ao mesmo tempo é fazer o que chamamos de movimento de "estou em dúvida" ou "ideias antagônicas".

- Estou em dúvida sobre a afirmação de X sobre __________. Por um lado, concordo que __________. Por outro lado, eu não tenho certeza se __________.
- Tenho opiniões diversas sobre este assunto. Eu realmente apoio a posição de X, a qual __________, mas, em minha opinião, o argumento de Y sobre __________ e a pesquisa de Z sobre __________ são igualmente convincentes.

Este movimento pode ser bastante útil, caso você esteja respondendo a um trabalho novo ou, sobretudo, desafiador, e ainda há dúvidas sobre seu posicionamento. Também se presta bem ao tipo de pesquisa especulativa em que pesem os prós e os contras de uma posição em vez de apoiar ou se voltar contra de forma decisiva. Mas, repetindo, como sugerimos anteriormente, se estiver concordando, discordando, ou os dois, é necessário ser o mais claro possível, e fazer uma afirmação, com franqueza, de que você é ambivalente é uma maneira de ser claro.

SERÁ QUE SER INDECISO ESTÁ TUDO BEM?

No entanto, os escritores costumam ter muitas preocupações para expressar a ambivalência como fazem para expressar discordância ou concordância de opinião. Alguns temem que, ao expressar ambivalência, sejam interpretados como evasivos, sem graça ou inseguros de si mesmos. Outros receiam que sua ambivalência acabará confundindo os leitores que exigem conclusões decisivas e claras. A verdade é que, em alguns casos, essas preocupações são legítimas.

Às vezes, a ambivalência pode frustrar os leitores, deixando-os com a sensação de que você falhou em sua obrigação de oferecer as orientações que esperam de escritores. Em outras ocasiões, no entanto, reconhecer que uma resolução clara de um problema é impossível pode demonstrar sua sofisticação como escritor. Em uma cultura acadêmica que valoriza o pensamento complexo, que declara abertamente suas dúvidas, isso pode ser impressionante, sobretudo após ter descartado as posições unidimensionais sobre o assunto tomado por outros no debate. Em última instância, então, a medida da ambivalência acaba se resumindo em uma decisão com base nas respostas de leitores diferentes ao seu texto, no seu conhecimento do público e nos desafios do argumento e situação em particular.

Exercícios

1. Leia um dos textos no fim deste livro, identificando os locais em que o autor concorda com os outros, discorda deles ou os dois.

2. Escreva um texto que responda, de alguma forma, ao texto com o qual você trabalhou no exercício anterior. Você pode querer sintetizar e/ou citar algumas das ideias do autor e esclarecer se você está concordando com o que o autor diz, discordando dele ou os dois. Lembre-se de que existem modelos neste livro que podem ajudá-lo a começar, veja os capítulos 1 a 3 para obter os modelos que o ajudarão a apresentar as ideias de outras pessoas, e, no capítulo 4, para obter os modelos que o ajudarão a começar com sua resposta.

CINCO

"E NO ENTANTO"

Diferenciar o que você diz do que os outros dizem

SE BOA ESCRITA ACADÊMICA consiste em se colocar em diálogo com os outros, é de grande importância que os leitores sejam capazes de dizer em cada momento em que você está expressando sua opinião própria e quando você está afirmando de outrem. Este capítulo retoma o problema a partir do que está na opinião dos outros e o que está em sua opinião, sem confundir os leitores sobre quem está dizendo o quê.

DETERMINE QUEM ESTÁ DIZENDO O QUE NOS TEXTOS QUE VOCÊ LER

Antes de examinar como sinalizar quem está dizendo o que em seu próprio texto, vamos olhar como reconhecer esses sinais quando aparecem nos textos de leitura, uma habilidade bastante importante quando se trata de trabalhos desafiadores solicitados na escola. Com frequência, quando os alunos têm dificuldades para compreender textos difíceis, não é só porque os textos apresentam ideias ou palavras desconhecidas, mas porque os textos contam com pistas sutis para que os leitores saibam quando um ponto de vista particular deve ser atribuído ao escritor ou a outrem. Sobretudo com textos que apresentam um verdadeiro diálogo de perspectivas. Os leitores precisam estar alerta para os frequentes marcadores sutis que indicam de quem é a voz sobre a qual o escritor está falando.

Considere como o crítico social e educador Gregory Mantsios usa esses "marcadores de voz", como podem ser chamados para distinguir as diferentes perspectivas em seu ensaio sobre as desigualdades de classe nos EUA.

> "Somos todos classe média" ou pelo menos assim parece. Nossa consciência nacional, como foi moldada em grande parte pela mídia e nossa liderança política, nos fornece uma imagem de nós próprios como uma nação de prosperidade e oportunidades com um estilo de vida de classe média que está se expandindo cada vez mais. Como resultado, nossas diferenças de classe estão mudas e nosso caráter coletivo é homogeneizado.
>
> No entanto, as divisões de classe são reais e sem dúvida é o fator mais significativo na determinação de nosso próprio ser no mundo e da natureza da sociedade em que vivemos.
>
> Gregory Mantsios, *Rewards and opportunities: The politics and economics of class in the U.S.*[1]

Embora Mantsios faça isso parecer fácil, está realmente fazendo vários movimentos retóricos sofisticados que o ajudam a distinguir o ponto de vista comum a que ele se opõe a partir de seu próprio posicionamento.

Na frase de abertura, por exemplo, o excerto "ou pelo menos assim parece" mostra que Mantsios não necessariamente concorda com a opinião que ele está descrevendo, já que os escritores normalmente não apresentam opiniões que eles mesmos mantêm como aquelas que apenas "parecem" ser verdade. Mantsios também coloca essa opinião de abertura entre aspas para sinalizar que não é dele próprio. Ele também se distancia da crença resumida no parágrafo de abertura, atribuindo-a a "nossa consciência nacional, como foi moldada em grande parte pela mídia e nossa liderança política", e ainda, atribuindo a essa "consciência" um "resultado" negativo, indesejável: um em que "nossas diferenças de classe" ficam "mudas" e "nosso caráter coletivo" fica "homogeneizado", despojado de sua diversidade e distinção. Assim, antes mesmo de Mantsios ter declarado sua própria posição no segundo

1. Recompensas e oportunidades: a política e economia de classes nos EUA. (N.T.)

parágrafo, os leitores podem ter uma ideia bastante real em que ele provavelmente se apoia.

Além disso, o segundo parágrafo começa com a palavra "no entanto", indicando que Mantsios, naquele momento, está mudando sua própria opinião (ao contrário da visão comum que ele vinha descrevendo até então). Mesmo o paralelo que ele estabelece entre o primeiro e o segundo parágrafos, entre a afirmação do primeiro parágrafo de que as diferenças de classe não existem e a afirmação do segundo parágrafo de que existem, ajuda a destacar as diferenças entre as duas vozes. Finalmente, o uso de Mantsios de um tom direto, autoritário no segundo parágrafo também sugere uma mudança de voz. Embora não use as palavras "em minha opinião" ou "alego", ele identifica claramente a opinião que defende apresentando-a não apenas como aquela que parece ser verdade ou que outros nos dizem que é verdadeiro, mas como uma opinião que é verdade ou, segundo Mantsios, é "real".

Prestar atenção a esses marcadores de voz é um aspecto importante da compreensão da leitura. Os leitores que não conseguem perceber esses marcadores muitas vezes tomam a síntese do autor do que outros acreditam como uma expressão do que o próprio autor acredita. Assim, quando apresentamos o ensaio de Mantsios, alguns alunos, invariavelmente, vão embora pensando que a afirmação "somos todos classe média" é a própria posição de Mantsios em vez de uma perspectiva a que ele é contrário, não conseguindo observar que, ao escrever essas palavras, Mantsios atua como uma espécie de ventríloquo, imitando o que os outros dizem, em vez de expressar diretamente o que ele está pensando.

Para ver como esses marcadores de voz são importantes, analise como ficaria a passagem de Mantsios, se as removêssemos.

> Somo todos classe média... Somos uma nação de prosperidade e oportunidade com um estilo de vida de uma classe média que está se expandindo cada vez mais...
> As divisões de classe são reais e sem dúvida é o fator mais significativo na determinação de nosso próprio ser no mundo e da natureza da sociedade em que vivemos.

Em contraste com a descrição cuidadosa entre as vozes no texto original de Mantsios, essa versão não marcada torna difícil dizer onde começa a voz dele e acabam as vozes dos outros. Com a eliminação dos marcadores, os leitores não podem dizer que "somos todos classe média" representa uma opinião a que o autor se opõe e que "as divisões de classe são reais" representa aquilo em que o próprio autor acredita. De fato, sem os marcadores, sobretudo e "no entanto", os leitores podem muito bem não compreender que a alegação do segundo parágrafo de que "As divisões de classe são reais" contraria a alegação do primeiro parágrafo de que "Somos todos classe média".

MODELOS PARA SINALIZAR QUE ESTÁ DIZENDO O QUE NO SEU PRÓPRIO TEXTO

Para evitar confusão em seu próprio texto, certifique-se de que, em cada argumento, os leitores possam dizer claramente quem está dizendo o quê. Para fazer isso, você pode usar, como recursos de identificação de voz, muitos dos dez pontos apresentados nos capítulos anteriores.

- Embora X tenha o melhor argumento possível para a assistência médica universal, financiada pelo governo, não estou convencido.
- Minha opinião, no entanto, ao contrário do que alegou X, é que ___________.
- Acrescendo ao argumento de X, eu gostaria de salientar que ___________.
- De acordo com X e Y, ___________.
- Os políticos, argumenta X, devem ___________.
- A maioria dos atletas irá lhe dizer que ___________.

MAS ENSINARAM-ME A NÃO USAR "EU"

Observe que os três primeiros modelos anteriores usam a primeira pessoa "eu" ou "nós", como fazem muitos dos modelos deste livro, contrariando, assim, o conselho comum sobre como evitar a primeira pessoa na escrita convencional. Embora possa ter aprendido que a palavra "eu" incentiva opiniões subjetivas, permissivas, em vez de argumentos bem fundamentados, acreditamos que os textos usando o "eu" podem ser tão bem embasados como os impessoais. Para nós, os argumentos bem embasados são fundamentados em razões e evidências convincentes e não no uso ou não de quaisquer pronomes em particular.

Além disso, se você, com regularidade, evita a primeira pessoa no texto, talvez tenha problemas para fazer o movimento fundamental abordado neste capítulo: diferenciar seus pontos de visão a partir dos outros, ou mesmo apresentar suas próprias opiniões em primeiro lugar. Mas não basta só acreditar na nossa palavra. Veja você mesmo como a primeira pessoa é usada livremente por escritores citados neste livro e os escritores mencionados em seus cursos.

No entanto, certas ocasiões podem justificar que se evite a primeira pessoa e escrever, por exemplo, que "ela está correta" em vez de "eu acho que ela está correta". Como pode ser monótono ler uma série invariável de "eu" ("eu acredito... eu acho... eu alego"), é uma boa ideia misturar as afirmações em primeira pessoa com essas a seguir.

- X está certa de que determinados padrões universais podem ser observados nestas comunidades.
- A evidência mostra que ___________.
- A afirmação de X de que ___________ não é compatível com os fatos.
- Quem estiver familiarizado com ___________ deve concordar que ___________.

Pode-se mesmo seguir o exemplo de Mantsios, como no seguinte modelo.

- ▸ Entretanto, ___________ são reais, e são, indiscutivelmente, o fator mais significante em ___________.

No geral, contudo, a escrita convencional mesmo nas ciências e ciências sociais, faz uso da primeira pessoa de forma bastante liberal.

Veja p.207-13 para obter um exemplo de como um médico usa a primeira pessoa.

OUTRO TRUQUE PARA IDENTIFICAR QUEM ESTÁ FALANDO

Para alertar os leitores da perspectiva sob a qual você está descrevendo em um dado momento, nem sempre tem de usar marcadores evidentes de voz como "X alega", seguido de um resumo do argumento. Em vez disso, você pode chamar a atenção dos leitores sobre cuja voz você está falando, incorporando uma referência para o argumento de X em suas próprias frases. Assim, em vez de escrever:

> Os liberais acreditam que as diferenças culturais precisam ser respeitadas. No entanto, tenho um problema com essa opinião.

você poderia escrever:

> Tenho um problema com o que liberais chamam de diferenças culturais.

> Há um grande problema com a doutrina liberal das assim chamadas diferenças culturais.

Você também pode incorporar referências a algo que você mesmo já disse antes. Então, em vez de escrever duas frases complexas como:

> Anteriormente, neste capítulo, cunhamos o termo "marcadores de voz". Defendemos esses marcadores como sendo de extrema importância para a compreensão de leitura.

você poderia escrever:

> Defendemos esses "marcadores de voz", conforme identificados anteriormente, como sendo de extrema importância para a compreensão de leitura.

Referências incorporadas como essas permitem economizar a sequência de ideias e referir-se a outras perspectivas, sem qualquer grande interrupção.

MODELOS PARA INCORPORAR MARCADORES DE VOZ

- X ignora o que eu considero um ponto importante sobre as diferenças culturais.
- Minha opinião é que o que X insiste é ____________ é, na verdade, ____________.
- Concordo completamente com o que X chama de ____________.
- Estas conclusões, discutidas por X em ____________, dão peso ao argumento de que ____________.

Quando os escritores não utilizam recursos de marcação de voz como os discutidos neste capítulo, os resumos de pontos de vista dos outros tendem a ficar embaralhados com suas próprias ideias. Quando os leitores não conseguem dizer se você está resumindo suas próprias opiniões ou defendendo certa frase ou rótulo, eles têm que parar e pensar:

"Espera aí. Eu pensei que a autora discordava desta afirmação. Ela estava realmente afirmando esta ideia o tempo todo?" ou "Bem, pensei que ela não concordasse com este tipo de termo. Será que ela está realmente defendendo isso?" Adquirir o hábito de usar marcadores de voz não deixará você confundir seus leitores e ajuda a alertá-lo para os marcadores semelhantes nos textos difíceis que você lê.

Exercícios

1. Para ver como um escritor sinaliza quando está afirmando suas próprias opiniões e quando ela sintetiza as de outros, leia o seguinte trecho da historiadora social Julie Charlip. Ao fazer a leitura, identifique os pontos nos quais Charlip se refere às opiniões dos outros e assinale os termos que ela usa para distinguir o ponto de vista dela do dos outros.

> Marx e Engels escreveram: "A sociedade como um todo está cada vez mais se dividindo em dois grandes campos hostis, em duas grandes classes diametralmente opostas, a burguesia e o proletariado" (10). Se ao menos isso fosse verdade, as coisas poderiam ser mais simples. Contudo, nos EUA do final do século 20, parece que a sociedade está se dividindo cada vez mais em uma infinidade de facções de classe – a classe trabalhadora, a classe trabalhadora pobre, a classe média baixa, a classe média alta, os remediados e a elite. Acho que não sei de que classe sou.
>
> Na minha época como repórter de jornal, uma vez perguntei a um professor de sociologia o que ele pensava sobre o encolhimento registrado da classe média. Bem, não é a classe média que está desaparecendo, respondeu ele, mas sim a classe trabalhadora. Segundo a definição dele, se você ganhar 30 mil dólares por ano trabalhando em uma montadora, chega do trabalho, abre uma cerveja e assiste ao jogo, você é da classe trabalhadora. Se você ganhar 20 mil dólares por ano como professor de escola, chega do trabalho, toma um copo de vinho branco e vê TV, você é da classe média.

> Como definimos classe? É uma questão de valores, estilo de vida, gosto? É o tipo de trabalho que você faz, sua relação com os meios de produção? É uma questão de quanto dinheiro você ganha? Será que podemos escolher? Nesta terra de suposta ausência de classes, na qual não temos a tradição da sociedade inglesa para nos manter em nossos lugares, como sabemos a que classe realmente pertencemos? O americano médio vai dizer que é "classe média". Tenho certeza de que é o que meu pai diria. Entretanto, sempre senti que estávamos em uma terra de ninguém, suspensa entre as classes, compartilhando semelhanças com alguns, e reconhecendo as diferenças acentuadas, excludentes dos outros. De que classe eu venho? Em que classe estou agora? Como historiadora, estou em busca de respostas para essas perguntas na especificidade do meu passado.
>
> Julie Charlip, *A real class act: Searching for identity in the classless society* [2]

2. Estude um texto seu para observar quantas perspectivas você contempla e em que medida você diferencia sua própria voz da daqueles que você está resumindo. Considere as seguintes questões:
    a. Quantas perspectivas você emprega?
    b. Quais outras perspectivas você poderia incluir?
    c. Como você diferencia suas opiniões de outros que você resume?
    d. Você utiliza termos ou expressões que sinalizam a voz de forma clara?
    e. Quais são as opções disponíveis para escrever quem está dizendo o quê?
    f. Qual dessas opções é a mais adequada para este texto específico?

Se você achar que não inclui múltiplos pontos de vista ou diferencia com clareza suas opiniões com relação às de outros, revise seu texto para diferenciar essas opiniões.

2. Um verdadeiro ato de classe: Em busca de uma identidade em uma sociedade sem classe. (N.T.)

SEIS

"OS CÉTICOS PODEM DISCORDAR"

Usar o argumento contrário no texto

A ESCRITORA Jane Tompkins descreve um padrão que se repete sempre que ela escreve um livro ou um artigo. Nas primeiras semanas, quando se senta para escrever, as coisas fluem relativamente bem. Contudo, no meio da noite, várias semanas no processo de escrita, ela acorda suando frio, de repente percebendo que se esqueceu de algumas críticas importantes que os leitores certamente farão em relação às ideias dela. O primeiro pensamento, invariavelmente, é que ela vai ter que desistir do projeto, ou que terá que jogar fora o que escreveu até agora e começar de novo. Então ela percebe que "neste momento de dúvida e pânico, é quando meu texto realmente começa". Ela, então, revê o que está escrito de uma forma que incorpora as críticas que antecipou, e, como resultado, o texto se torna mais forte e mais interessante.

Essa pequena história contém uma importante lição para todos os escritores, tanto os experientes quantos os inexperientes. Ela sugere que, embora a maioria de nós fique chateada com a ideia de alguém criticar nosso trabalho, essas críticas podem realmente trabalhar a nosso favor. Embora seja naturalmente tentador ignorar a crítica de nossas ideias, isso pode, na verdade, ser um grande erro, pois nossa escrita melhora quando não apenas prestamos atenção a essas oposições, mas quando lhes damos uma voz explícita em nosso texto. De fato, nenhum recurso apenas melhora de forma mais rápida um texto do que utilizar um argumento contrário, dizendo, por exemplo, que, embora alguns leitores possam se opor a algo em seu argumento, você responderia que ______________.

ANTECIPE OBJEÇÕES

Mas espere aí, você é que diz. Será que o conselho de incorporar opiniões críticas não é uma receita para destruir sua credibilidade e prejudicar seu argumento? Aqui está você, tentando dizer algo que será mostrado e queremos que você diga aos leitores todas as coisas negativas que alguém poderia dizer contra você?

Isso mesmo. Nós estamos pedindo que você diga aos leitores o que os outros possam dizer contra você, mas nossa ideia é que, ao fazê-lo, isso realmente aumentará sua credibilidade e não a enfraquecerá. Como discutimos ao longo deste livro, escrever bem não significa acumular verdades incontestáveis no vácuo; significa envolver os outros em um diálogo ou um debate, não só por meio da abertura do texto com um resumo do que já foi dito, como sugerimos no capítulo 1, mas também imaginando o que os outros poderiam dizer em oposição a seu argumento, conforme se desdobra. Quando você vir a escrita como um ato de dialogar, você também verá como os argumentos opostos podem trabalhar para você e não contra você.

De forma paradoxal, quanto mais voz você der às objeções dos críticos, mais você tende a desarmar esses críticos, sobretudo se você continuar a responder às objeções deles de forma convincente. Quando você considerar um contra-argumento, realizará uma espécie de ataque preventivo, identificando problemas com seu argumento antes que os outros possam apontá-los para você. Ademais, ao considerar os contra-argumentos, você mostra respeito para com seus leitores, tratando-os não como tolos ingênuos, que acreditarão em tudo que você disser, mas como pensadores independentes, críticos que estão conscientes de que sua visão não é a única na cidade. Além disso, ao imaginar o que os outros poderiam dizer contra seus argumentos, você é tido como uma pessoa generosa, tolerante, que está confiante o suficiente para se abrir para o debate, como o escritor na figura 5.

Por outro lado, se você não considerar os contra-argumentos, pode, muito provavelmente, ser considerado um mente fechada, como se achasse que suas ideias são incontestáveis. Você também poderia deixar questões importantes pendentes e argumentos sem solução. Finalmente, se não conseguir utilizar um argumento contrário no texto, você pode achar que tem muito pouco a dizer. Nossos próprios alunos costumam dizer que considerar contra-argumentos torna mais fácil gerar texto o suficiente para atender aos trabalhos solicitados de uma página.

O uso de um contra-argumento no texto é um movimento relativamente simples, como você pode ver no trecho a seguir de um livro da escritora Kim Chernin. Tendo passado cerca de 30 páginas reclamando da pressão sobre as mulheres americanas para perderem peso e serem magras, Chernin insere um capítulo inteiro intitulado "O cético", abrindo-o da seguinte forma.

> Neste ponto, gostaria de levantar algumas objeções que foram inspiradas pela cética existente em mim. Ela sente que eu venho ignorando algumas das hipóteses mais comuns que aventamos sobre nossos corpos e estas ela gostaria de ver abordadas. Por exemplo: "Você sabe perfeitamente bem", ela diz para mim, "que você se sente melhor quando perde peso. Você compra roupas novas. Você se olha mais ansiosamente no espelho. Quando alguém convida você para uma festa, você não para e se pergunta se você quer ir. Você se sente mais *sexy*. Admita. Você se parece melhor".
>
> Kim Chernin, *The obsession: Reflections on the tyranny of slenderness*[1]

1. A obsessão: Reflexões sobre a tirania da magreza. (N.T.)

AH NÃO! ELES VÃO DIZER QUE EU DISTORCI O TRABALHO DE X!
"TALVEZ VOCÊ DIRÁ QUE EU DISTORCI O TRABALHO DE X AQUI E NO ENTANTO RECONHEÇO QUE X NUNCA DIZ _____ COM TANTAS PALAVRAS..."

FIGURA 5

O restante do capítulo de Chernin consiste em dar respostas a este ceticismo interior. Diante do desafio do cético em relação à premissa central de seu livro (que a pressão para fazer dieta prejudica gravemente a vida das mulheres), Chernin nem responde pela repressão da voz crítica do cético, nem entrega os pontos e abandona sua própria posição. Em vez disso, ela aceita essa voz e a escreve em seu texto. Observe que, em vez de despachar essa voz negativa de forma rápida, como muitos de nós seríamos tentados a fazer, Chernin permanece com ela e dedica um parágrafo inteiro a essa voz. Ao pedir emprestada alguma expressão de Chernin, podemos chegar a modelos para considerar praticamente quaisquer objeções.

MODELOS PARA CONSIDERAR OBJEÇÕES

- A esta altura, eu gostaria de levantar algumas objeções que foram inspiradas pela cética existente em mim. Ela sente que eu venho ignorando algumas complexidades da situação.

- No entanto, alguns leitores podem contestar minha opinião, insistindo em que ___________.

- É claro, muitos provavelmente discordarão, alegando que ___________.

Observe que as objeções nos modelos anteriores são atribuídas não a qualquer pessoa ou grupo específico, mas sim aos "céticos", "leitores" ou "muitos". Esse tipo de argumento negativo sem nome nem rosto é perfeitamente adequado em muitos casos. Contudo, as ideias que motivam argumentos e objeções, muitas vezes, podem e, quando possível, devem ser atribuídas a uma ideologia específica ou escola de pensamento (por exemplo, liberais, fundamentalistas cristãos, neopragmatistas) em vez de anônimos. Em outras palavras, os argumentos negativos podem ser rotulados e você pode adicionar precisão e impacto ao texto, identificando quais são os rótulos.

MODELOS PARA NOMEAR ARGUMENTOS NEGATIVOS

- Aqui muitas feministas provavelmente se oporiam a que o sexo realmente influencia a língua.

- No entanto, os darwinistas sociais certamente discordariam do argumento de que ___________.

- Os biólogos, é claro, podem querer perguntar se ___________.

- Entretanto, os seguidores e críticos de Malcolm X provavelmente sugeririam de algum outro modo e afirmariam que ___________.

Para ter certeza, algumas pessoas não gostam de rótulos, podendo inclusive se ressentir com rótulos aplicados a si mesmas. Alguns acham que os rótulos colocam as pessoas em caixas, estereotipando-as e encobrindo o que faz de cada um de nós único. E é verdade que os rótulos podem ser usados de forma inadequada, em formas que ignoram a individualidade e promovem estereótipos. Contudo, como o mundo das ideias, incluindo muitos dos nossos pensamentos mais íntimos, é operado por meio de grupos e tipos ao invés de indivíduos solitários, o intercâmbio intelectual requer rótulos para dar uma definição e servir como um atalho cômodo. Se você rejeitar categoricamente todos os rótulos, abrirá mão de um recurso importante e até mesmo enganará os leitores, apresentando a si mesmo como não tendo qualquer ligação com outros. Você também perderá uma oportunidade para generalizar a importância e relevância do seu trabalho em alguns debates maiores. Quando você atribui uma posição, na qual está sintetizando, ao liberalismo, por exemplo, ou ao materialismo histórico, sua argumentação não é mais apenas sobre sua própria opinião solitária, mas sobre a intersecção de ideias gerais e os hábitos da mente em que muitos leitores já podem ter uma participação.

A forma de minimizar o problema dos estereótipos, então, é não rejeitar categoricamente os rótulos, mas aperfeiçoar e qualificar sua utilização, como demonstram os modelos a seguir.

- Embora nem todos os cristãos pensem da mesma forma, alguns deles provavelmente contestarão minha afirmação de que ___________.

- Os não falantes nativos do inglês são tão diferentes em seus pontos de vista que é difícil generalizar sobre eles, mas alguns tendem a se opor alegando que ___________.

Outra forma de evitar estereótipos desnecessários é qualificar os rótulos com cuidado, substituindo os "advogados gratuitos" por "advogados" em geral, por exemplo, ou "sociólogos quantitativos" por todos os "cientistas sociais" e assim por diante.

MODELOS PARA INTRODUZIR OBJEÇÕES DE MODO INFORMAL

As objeções também podem ser introduzidas de modo mais informal. Por exemplo, você pode estruturar objeções sob a forma de perguntas.

- Mas minha proposta é realista? Quais são as chances de isso ser realmente adotado?

- No entanto, é necessariamente verdade que ___________? É sempre o caso, conforme venho sugerido, que ___________.

- No entanto, a evidência que eu citei se mostra, de forma conclusiva, que ___________?

Você também pode deixar seu argumento contrário falar diretamente.

- "Impossível", dirão alguns. "Você deve estar lendo a pesquisa de modo seletivo."

Movimentos como esse permitem cortar diretamente a voz cética em si, como o cantor e compositor Joe Jackson faz no seguinte trecho do artigo do *The New York Times* de 2003, reclamando das restrições ao fumo em lugares públicos, como bares e restaurantes de Nova York.

> Eu gosto de cigarro ou charuto, acompanhado de uma bebida, e como muitas outras pessoas, só fumo em bares ou boates. Agora não posso frequentar meu antigos redutos, os atendentes de bar que eram amigos viraram policiais, obrigando-me a congelar lá fora no frio e atormentam sobre meu hálito... Não é brincadeira. Todos os fumantes estão sendo demonizados e vítimados fora de proporção.
>
> "Larga isso", dizem os antitabagistas. "Você é minoria". Achava que uma grande cidade era um lugar onde todos os tipos de minorias poderiam ter sucesso... "Fumar mata", dizem eles. Como um fumante ocasional com hábitos saudáveis, vou me arriscar. A consciência sobre saúde é importante, mas assim como o prazer e a liberdade de escolha.
>
> Joe Jackson, *Want to smoke? Go to Hamburg*[2]

Jackson poderia ter começado o segundo parágrafo, no qual ele se desloca de sua própria voz para um argumento negativo, mais formalmente, como segue: "É claro que os antitabagistas discordarão de que como nós, fumantes, somos uma minoria, devemos simplesmente parar de nos queixar e tranquilamente fazer os sacrifícios que estamos sendo chamados a realizar para o maior bem social". Ou "antitabagistas podem insistir, no entanto, que a minoria fumante deve se apresentar à maioria não fumante". Pensamos, no entanto, que Jackson conclui de uma maneira muito mais animada com a forma mais coloquial que ele escolhe: o empréstimo de um movimento-padrão de dramaturgos e romancistas. Jackson corta diretamente para a opinião dos opositores e, em seguida, sua própria réplica, então, volta para a opinião dos opositores e depois a sua própria réplica, criando assim uma espécie de diálogo ou pequeno jogo no seu próprio texto. Esse movimento funciona bem para

2. Quer fumar? Vá para Hamburgo. (N.T.)

Veja o capítulo 5 para obter orientações sobre o uso de marcadores de voz.

Jackson, mas apenas porque ele utiliza aspas usando a voz e outros marcadores de voz para deixar claro em que voz ele está.

EXPONHA OBJEÇÕES DE MODO CLARO

Uma vez que você decidiu introduzir uma opinião divergente ou oposta no texto, seu trabalho está apenas começando, pois ainda é necessário expor e explicar esta ideia com clareza e franqueza. Embora seja tentador expor opiniões diferentes sem perder tempo, o fato de passar com pressa por elas ou inclusive não dar atenção para elas geralmente é contraproducente. Quando os escritores expõem o melhor argumento possível para os críticos (jogando "o jogo de acreditar" de Peter's Elbow), eles realmente reforçam sua credibilidade com os leitores em vez de miná-la. Eles fazem os leitores pensar: "Este é um escritor em quem posso confiar".

Veja as p. 31-32 para saber mais sobre o jogo de acreditar.

Recomendamos, então, que sempre que você considerar objeções no texto, você deve ficar com elas em várias frases ou mesmos parágrafos e manter a seriedade o máximo possível. Também recomendamos que você leia o resumo de opiniões diferentes, com os olhos de um observador externo: Coloque-se no lugar dos outros que discordam de você e pergunte se esse tipo de leitor se reconheceria em seu resumo. Será que o leitor acha que tomou opiniões dele a sério, como opiniões que as pessoas razoáveis podem ter?

Ou será que perceberá um tom insolente ou uma simplificação em excesso das opiniões do autor?

Haverá sempre certas objeções, com certeza, que você acredita que não merecem ser mostradas, assim como haverá objeções que parecem tão indignas de respeito que chegam ao ridículo. Lembre-se de que, se você optar por ridicularizar uma opinião que se opõe a sua, é provável que você perca os leitores que já não concordam com você, provavelmente os próprios leitores que você pretende atingir. Não se esqueça de que também, neste momento, você pode contribuir para uma cultura de argumento hostil, em que alguém pode ridicularizá-lo em troca.

RESPONDA ÀS OBJEÇÕES

Esteja realmente ciente de que, quando você expõe oposições bem-sucedidas, ainda é necessário ser capaz de responder a essas oposições de forma convincente. Afinal de contas, quando você escreve oposições em um texto, assume o risco de que os leitores as considerarão mais convincentes do que o próprio argumento que está avançando. No editorial citado anteriormente, por exemplo, Joe Jackson assume o risco de que os leitores se identifiquem mais com o ponto de vista antitabagista que ele resume do que com a posição pró-tabagista que defende.

Isso é exatamente o que Benjamin Franklin descreve que acontece com ele mesmo na *Autobiografia de Benjamin Franklin* (1793), quando se lembra de sua conversão ao deísmo (uma religião que exalta a razão sobre a espiritualidade) pela leitura de livros antideístas. Quando ele constatou que as ideias dos deístas são negativamente sintetizadas por autores que se opuseram a elas, explica Franklin, ele acabou considerando a posição deísta mais persuasiva.

Para evitar esse tipo de efeito reverso nos leitores, é necessário fazer seu melhor para garantir que qualquer contra-argumento que aborde não seja mais convincente do que seus próprios argumentos. É bom lidar com objeções em seu texto, mas somente se for capaz de superá-las.

Uma maneira certa para não superar uma objeção é descartá-la imediatamente dizendo, por exemplo, "Isso está simplesmente errado". A diferença entre essa resposta (que não oferece razões de apoio de nenhum modo) e os tipos de respostas sutis que estamos promovendo neste livro é a diferença entre intimidar seus leitores e persuadi-los de verdade.

Veja as p. 57-63 para mais sobre concordar, mas com uma diferença.

Muitas vezes, a melhor maneira de superar uma objeção é não tentar refutá-la por completo, mas concordar com parte dela, contestando apenas a parte a que você se opõe. Em outras palavras, ao responder contra-argumentos, muitas vezes, é melhor dizer "sim, mas" ou "sim e não", tratando a visão oposta como uma oportunidade de rever e aperfeiçoar sua própria posição. Em vez de construir seu argumento em uma fortaleza impenetrável, muitas vezes, é melhor fazer concessões ao mesmo tempo mantendo seu argumento como Kim Chernin faz na seguinte resposta ao contra-argumento citado anteriormente. Ao passo que na voz dos "céticos", Chernin escreve: "Admita. Você gosta mais de si mesmo quando você perde peso". Em resposta, Chernin responde da seguinte forma:

> Será que eu posso negar essas coisas? Nenhuma mulher que conseguiu perder peso gostaria de discutir com isso. A maioria das pessoas se sente melhor consigo mesma quando fica magra. E, no entanto, após reflexão, parece-me que há algo precário sobre este bem-estar. Afinal, 98% das pessoas que perdem peso ganham peso novamente. De fato, 90% daquelas que fizeram dieta "com sucesso" ganham de volta mais do que já perderam. Então, é claro, não podemos mais suportar olhar para nós mesmos no espelho.

Dessa forma, Chernin mostra como você pode usar uma visão oposta para melhorar e aperfeiçoar seu argumento geral, fazendo uma concessão. Mesmo que ela admita que perder peso é bom em curto prazo, argumenta que, em longo prazo, o peso sempre retorna, tornando aquele que faz dieta muito mais infeliz.

MODELOS PARA FAZER CONCESSÕES AO MESMO TEMPO MANTENDO SEU ARGUMENTO

- Apesar de eu admitir que o livro seja mal organizado, ainda afirmo que levanta uma questão importante.

- Os defensores de X estão certos de argumentar que ___________. Contudo, exageram quando afirmam que ___________.

- Embora seja verdade que ___________, isso não implica necessariamente que___________.

- Por um lado, concordo com X que ___________. Entretanto, por outro lado, eu ainda insisto em que ___________.

Os modelos como esses mostram que responder às objeções de um argumento contrário não tem de ser uma questão de tudo ou nada, em que você quer definitivamente refutar seus críticos ou eles querem rebatê-lo definitivamente. Com frequência, os embates mais produtivos entre os diferentes pontos de vista terminam com uma visão combinada que incorpora elementos de cada um.

Mas, se você já tentou todas as respostas possíveis que se pode imaginar para uma objeção que antecipou e ainda tem uma sensação incômoda de que a objeção é mais convincente do que seu argumento em si, nesse caso, a melhor solução é voltar e fazer algumas revisões fundamentais no seu argumento, até mesmo reverter completamente sua posição, caso seja necessário. Ainda que descobrir, no fim do jogo, que você não está totalmente convencido de seu próprio argumento possa ser doloroso, isso pode realmente tornar o texto final mais intelectualmente honesto, desafiador e sério. Afinal, o objetivo de escrever não é ficar provando que tudo foi dito inicialmente está certo, mas estender os limites do seu pensamento. Então, se você utilizar um argumento contrário forte no texto que força você a mudar de ideia, isso não é uma coisa ruim. Alguns diriam que é assim o mundo acadêmico.

Exercícios

1. Leia o seguinte trecho escrito pelo crítico cultural Eric Schlosser. Como você verá, ele não utilizou nenhum argumento negativo no texto. Faça isso para ele. Insira um breve parágrafo indicando uma oposição ao argumento dele; em seguida, responda à objeção como se fosse ele.

> Os Estados Unidos têm de declarar o fim da guerra contra as drogas. Esta guerra tem enchido as prisões do país com pobres químico dependentes e pequenos traficantes. Esta situação criou um mercado negro bilionário, enriqueceu os grupos de crime organizado e promoveu a corrupção de autoridades governamentais em todo o mundo. E não resultou no uso generalizado de drogas ilegais. Por qualquer medida racional, esta guerra foi um fracasso total.
>
> Temos de desenvolver políticas públicas sobre o abuso de entorpecentes que não são norteadas pela retidão moral ou conveniência política, mas pelo senso comum. Os Estados Unidos devem imediatamente descriminalizar o cultivo e posse de pequenas quantidades de maconha para uso pessoal.
>
> A maconha deve deixar de ser classificada como Classe I de narcótico, e aqueles que buscam o uso da maconha como medicamento não deveriam enfrentar sanções criminais. Devemos mudar a nossa postura em relação ao abuso de drogas do sistema jurídico criminal ao sistema de saúde pública. O congresso deve nomear uma comissão independente para estudar as políticas de redução de danos que foram adotadas na Suíça, na Espanha, em Portugal e na Holanda. A comissão deve recomendar políticas para os Estados Unidos com base em um critério importante: o que funciona.
>
> Em um país em que as empresas farmacêuticas anunciam poderosos antidepressivos em *outdoors* e em que as empresas de bebidas

alcoólicas veiculam anúncios engraçados de cerveja durante o Super Bowl, é absurda a ideia de uma "sociedade livre de drogas". Como o resto da sociedade americana, nossa política de drogas beneficiará sobremaneira se utilizar menos punição e mais compaixão.

Eric Schlosser, *A people's democratic platform*[3]

2. Procure por algo que você escreveu que exponha um argumento. Verifique se você antecipou e respondeu às oposições. Se não, revise seu texto para tal. Em caso afirmativo, você antecipou todas as prováveis oposições? A quem, caso haja alguém, você atribuiu os argumentos negativos? Você expõe as oposições de forma justa? Você respondeu suficientemente bem, ou já acha que agora precisa qualificar seu próprio argumento? Você poderia usar qualquer dos termos ou expressões sugeridos neste capítulo? Será que a introdução de um argumento contrário reforça seu argumento? Por que, ou por que não?

3. Uma plataforma democrática do povo. (N.T.)

SETE

"E DAÍ? QUEM SE IMPORTA?"

Dizer por que é importante

O BEISEBOL é o passatempo nacional nos EUA. Bernini foi o melhor escultor do período barroco. Toda escrita é dialógica. E daí? Quem se importa? Por que isso faz diferença?

Quantas vezes você teve argumentos para fazer essas perguntas? Independentemente de um tópico ser interessante para você como escritor, os leitores sempre precisam saber o que está em jogo em um texto e por que eles deveriam se preocupar. Muitas vezes, no entanto, essas questões são deixadas sem resposta, sobretudo porque os escritores e oradores supõem que o público já saberá as respostas ou as entenderão sozinhos. Como resultado, os alunos saem de palestras sentindo-se como estranhos ao que acabaram de ouvir, assim como muitos de nós nos sentimos deslocados depois das palestras a que assistimos. O problema não é, necessariamente, que os palestrantes carecem de uma tese clara e bem focada ou que a tese não esteja suficientemente apoiada em evidências. O problema é que os palestrantes não abordam a questão crucial sobre por que suas ideias são importantes.

O fato de essa questão ser, com tanta frequência, deixada sem solução é uma pena, pois os palestrantes, em geral, podem oferecer respostas interessantes, cativantes. Quando pressionada, por exemplo, a maioria dos acadêmicos dirá que suas palestras e artigos são importantes, pois tratam de alguma ideia que precisa ser corrigida ou atualizada, porque seus argumentos têm importantes consequências no mundo real. Entretanto, muitos acadêmicos não conseguem identificar estas razões e consequências explicitamente no que dizem e escrevem. Em vez de assumir que o público saberá por que suas alegações são importantes, todos os escritores precisam responder às perguntas "para quê?" e "quem se importa?" logo de saída. Nem todo mundo pode afirmar a cura do câncer ou uma solução para erradicar a pobreza. Porém, os escritores que não conseguem mostrar que os outros devem se importar ou já realmente se importam com suas alegações, em última análise, perderão o interesse do público.

Este capítulo enfoca os vários movimentos que se podem fazer para responder às perguntas "quem se importa?" e "para quê?" no seu próprio texto. Em certo sentido, as duas questões se tornam a mesma coisa: a relevância ou importância do que você está dizendo. Contudo, elas chegam a essa significação de diferentes formas. Enquanto "quem se importa" literalmente pede para identificar uma pessoa ou grupo que se preocupa com suas alegações, "para quê?" pergunta sobre as aplicações do mundo real e se as consequências dessas alegações fariam diferença se fossem aceitas.

"QUEM SE IMPORTA?"

Para ver como um escritor responde à "quem se importa?", considere o seguinte trecho da escritora de ciências, Denise Grady. Ao escrever no *The New York Times*, ela explica algumas das descobertas das mais recentes pesquisas sobre células de gordura.

> Os cientistas costumavam pensar que a gordura corporal e as células eram feitas de formas praticamente inertes, apenas um compartimento de armazenagem de óleo. Entretanto, as pesquisas da última década mostram que as células de gordura agem como fábricas de substâncias químicas e que a gordura corporal é muito potente: um tecido altamente ativo que secreta hormônios e outras substâncias com efeitos profundos e às vezes prejudiciais...

> Nos últimos anos, os biólogos começaram a chamar a gordura de "órgão endócrino", comparando-a às glândulas como a tireoide e glândula pituitária, que também liberam hormônios diretamente na corrente sanguínea.
>
> Denise Grady, *The secret life of a potent cell*[1]

Observe como o texto de Grady reflete o conselho central que damos neste livro. Ela expõe uma alegação clara, e também estrutura essa alegação como uma resposta ao que outros já disseram. Desse modo, Grady imediatamente identifica pelo menos um grupo com uma participação na nova pesquisa, que vê a gordura como "ativa", "material poderoso", a comunidade científica, que antes acreditava que a gordura corporal era inerte. Ao se referir a esses cientistas, Grady reconhece implicitamente que seu texto faz parte de um grande diálogo e mostra que, além dela própria, outros têm interesse no que afirma.

Considere, no entanto, como o trecho seria lido, caso Grady tivesse omitido o que "os cientistas costumavam pensar" e simplesmente explicasse as novas descobertas de forma isolada.

> Nas últimas décadas, a pesquisa mostra que as células de gordura agem como fábricas de substâncias químicas e que a gordura corporal é muito potente: um tecido altamente ativo que secreta hormônios e outras substâncias. Nos últimos anos, os biólogos começaram a chamar a gordura de "órgão endócrino", comparando-a com as glândulas como a tireoide e glândula pituitária, que também liberam hormônios diretamente na corrente sanguínea.

Embora essa afirmação seja clara e fácil de acompanhar, carece de qualquer indicação de que alguém precisa ouvi-la. Ok, alguém concorda ao ler esse trecho, a gordura é uma substância ativa e potente. Parece bastante plausível, nenhuma razão para pensar que não seja verdade. Mas será que alguém realmente se importa? Quem, se houver alguém, está interessado?

---

1. A vida secreta de uma célula potente. (N.T.)

MODELOS PARA INDICAR QUEM SE IMPORTA

Para utilizar a pergunta "quem se importa?" no seu próprio texto, sugerimos o uso de modelos como o seguinte, que aparecem em Grady ao refutar o pensamento anterior:

- Os pais costumavam pensar que era necessário dar uma surra. Mas, recentemente [ou nas últimas décadas], os especialistas sugerem que pode ser contraproducente.

- Essa interpretação contesta o trabalho daqueles críticos que há tempos haviam concluído que ___________.

- Essas descobertas se opõem ao trabalho dos pesquisadores anteriores, que tendiam a assumir que ___________.

- Estudos recentes como esses lançam nova luz sobre ___________, que estudos anteriores não tinham abordado.

Grady poderia ter sido mais explícito ao escrever a pergunta "quem se importa?" diretamente no texto, como no modelo a seguir.

- Mas quem realmente se importa? Quem além de mim e um punhado de pesquisadores recentes têm uma participação nestas afirmações? No mínimo, os pesquisadores que antigamente acreditavam ___________ deveriam se importar com este aspecto.

Para ganhar maior autoridade como escritor, pode ajudar citando pessoas ou grupos específicos que têm um interesse em suas alegações e entrar em detalhe sobre seus pontos de vista.

- Há muito tempo, os pesquisadores assumem que ___________. Por exemplo, um eminente estudioso de biologia celular, ___________, supôs em __________, seu trabalho seminal sobre as estruturas e funções celulares, que as células de gordura __________. Segundo a própria autora, "__________" (2007). Outro cientista importante, __________, alegou que as células de gordura __________. Finalmente, quando se tratava da natureza da gordura, o pressuposto básico era que __________. Mas um novo conjunto de pesquisas mostra que as células de gordura são muito mais complexas e que __________.

Em outros casos, você pode se referir a determinadas pessoas ou grupos que poderiam se importar com seu ponto de vista.

- Se os entusiastas de esportes parassem para pensar sobre isso, muitos deles poderiam simplesmente assumir que os atletas mais bem-sucedidos __________. No entanto, a nova pesquisa mostra __________.
- Estes resultados contestam o pressuposto comum dos neoliberais que __________.
- À primeira vista, os adolescentes poderiam afirmar que __________. Entretanto, numa análise mais aprofundada, __________.

Como esses modelos sugerem, responder à pergunta "quem se importa?" envolve o estabelecimento do tipo de contraste entre o que está "Na opinião deles" e o que está na sua, que é o ponto central deste livro. Enfim, os modelos podem ajudar a criar uma tensão dramática ou conflito de pontos de vista no seu texto, assim os leitores se sentirão autorizados a vê-los resolvidos e querer vê-los solucionados.

"PARA QUÊ?"

Embora seja crucial responder à pergunta "quem se importa?", em muitos casos não é suficiente, sobretudo se você está escrevendo para leitores, em geral, que não têm necessariamente um envolvimento forte no embate de pontos de vista que você está apresentando. No caso do argumento de Grady sobre as células de gordura, esses leitores podem ainda se perguntar por que é importante que alguns pesquisadores acreditem que as células de gordura sejam ativas, ao passo que outros pensam que elas sejam inertes. Ou, para ir a um campo diferente de estudo, a literatura americana, "qual o problema" se alguns estudiosos discordam sobre a relação de Huck Finn com a fuga de escravos no livro de Mark Twain intitulado *Adventures of Huckleberry Finn*? Por que alguém, além de alguns especialistas na área, deve se importar com tais embates?

A melhor maneira de responder a essas perguntas sobre as consequências maiores de suas alegações é apelar para algo que seu público já parece dar atenção. Considerando que a pergunta "quem se importa?" pede para identificar uma pessoa ou grupo interessado, a pergunta "para quê?" pede para você ligar seu argumento a assuntos maiores, que os leitores julguem importantes. Assim, na análise de *Huckleberry Finn*, um escritor pode argumentar que os conflitos aparentemente restritos sobre o relacionamento do herói com Jim realmente esclarecem se o romance canônico amplamente lido de Mark Twain é uma crítica ao racismo nos Estados Unidos ou ele mesmo é marcado por ele.

Vamos ver como Grady invoca essas preocupações amplas, gerais em seu artigo sobre células de gordura. Seu primeiro movimento é fazer um *link* do interesse dos pesquisadores em células de gordura com uma preocupação geral com a obesidade e saúde.

> Os pesquisadores que procuram decifrar a biologia das células de gordura esperam encontrar novas maneiras de ajudar as pessoas a se livrar do excesso de gordura ou, pelo menos, evitar que a obesidade destrua sua saúde. Em um mundo cada vez mais obeso, seus esforços têm assumido uma outra importância.

Além disso, mostra por que os leitores devem se importar. O próximo movimento de Grady é demonstrar a relevância ainda maior e a urgência do assunto.

> No mundo todo, mais de um bilhão de pessoas está com sobrepeso. A obesidade e duas doenças associadas a ela, doença cardíaca e pressão arterial alta, estão na lista da Organização Mundial da Saúde dos dez maiores riscos para a saúde global. Nos Estados Unidos, 65% dos adultos estão acima do peso, comparado com cerca de 56% uma década atrás, e os pesquisadores do governo associam a obesidade a, pelo menos, 300 mil óbitos por ano.

O que Grady implicitamente diz aqui é: "Olha, querido leitor, você pode pensar que essas questões sobre a natureza das células de gordura as quais venho pesquisando pouco têm a ver com a vida cotidiana. Na verdade, essas questões são extremamente importantes, sobretudo no nosso 'mundo cada vez mais obeso', em que temos de impedir que a obesidade destrua nossa saúde".

Observe que a frase de Grady "em um mundo cada vez mais ___________" pode ser adaptada como um movimento estratégico para abordar a pergunta "para quê?" em outros campos também. Por exemplo, a socióloga que analisa os movimentos sobre o retorno à natureza dos últimos trinta anos pode fazer a seguinte afirmação.

> Em um mundo cada vez mais dominado pelos celulares e tecnologias sofisticadas de computação, estas tentativas de retorno à natureza parecem ser fúteis.

Veja a p. 211 para obter um exemplo da física.

Este tipo de movimento pode ser facilmente aplicado a outras disciplinas porque não importa o quanto as disciplinas podem diferir uma da outra, a necessidade de justificar a importância de um assunto é comum a todas elas.

MODELOS PARA ESTABELECER POR QUE SEU ARGUMENTO É IMPORTANTE

- *Huckleberry Finn* faz diferença/é importante porque é um dos romances mais ensinados no sistema de ensino dos EUA.
- Apesar de X poder parecer banal, é de fato crucial em termos das questões atuais sobre ___________.
- Enfim, o que está em jogo aqui é ___________.
- Estes resultados têm implicações importantes para a área mais ampla de ___________.
- Se tivermos certeza sobre ___________, então maiores consequências se voltam para ___________.
- Estas conclusões/Estas descobertas terão aplicações importantes em ___________, assim como em ___________.

Finalmente, você também poderá tratar a pergunta "para quê?"como um aspecto relacionado com a pergunta "quem se importa?"

- Embora X possa ser de interesse apenas para um pequeno grupo de ___________, deveria, de fato, ser uma preocupação daqueles que se preocupam com ___________.

Todos esses modelos ajudam a prender os leitores. Ao sugerir aplicações do mundo real de suas alegações, os modelos não só demonstram que os outros se preocupam com suas afirmações, mas também mostram aos leitores por que eles deveriam se importar com elas. Novamente, não é demais repetir que simplesmente afirmar e provar sua tese não é suficiente. Também é preciso organizá-la de uma forma que ajude os leitores a se interessar por ela.

E OS LEITORES QUE JÁ CONHECEM SUA IMPORTÂNCIA?

Neste ponto, você poderá querer saber se é necessário as perguntas "quem se importa?" e "para quê?" em tudo que você escreve. É realmente necessário responder a essas perguntas, se você está propondo algo tão enfático como, por exemplo, um tratamento para o autismo ou um programa para eliminar o analfabetismo? Não é óbvio que todos se preocupam com esses problemas? Será que realmente precisa ser explicitado? E quando você está escrevendo para um público que você sabe que já está interessado em suas afirmações e que entende perfeitamente bem por que elas são importantes? Em outras palavras, você sempre precisa abordar as questões "para quê?" e "quem se importa?"

Como regra geral, sim. Embora seja verdade que você não pode ficar respondendo a elas para sempre, e, a certa altura, deve dizer basta. Embora um cético determinado possa perguntar para sempre por que um assunto é importante – "Por que eu deveria me preocupar sobre ganhar um salário? E por que eu deveria me preocupar com o fato de sustentar uma família?" –, é necessário parar de responder em algum momento no texto. No entanto, pedimos que vá tão longe quanto possível para responder a tais perguntas. Se você assumir que, de alguma forma, os leitores intuirão as respostas para as perguntas "para quê?" e "quem se importa?" por conta própria, você pode deixar seu texto parecer menos interessante do que realmente é, e correr o risco de os leitores acharem seu texto irrelevante e sem importância. Em contrapartida, quando você tiver cuidado de explicar quem se importa e por quê, é um pouco como trazer uma torcida para o texto. E, apesar de alguns leitores mais experientes poderem já saber por que sua alegação é importante, eles ainda precisam ser lembrados disso. Assim, o movimento mais seguro consiste em ser tão explícito quanto possível ao responder à pergunta "para quê?", mesmo para aqueles que já estão por dentro do assunto. Quando você se distancia do texto e explica sua importância, está incitando o público a manter a leitura, prestar atenção e mostrar interesse.

Exercícios

1. Reúna vários textos (textos acadêmicos, artigos de jornal, *e-mails*, memorandos etc.) e verifique se eles respondem às perguntas "para quê? e "quem se importa?". Provavelmente, alguns fazem, outros não. Que diferença faz se eles fazem ou não? Como fazem os autores que respondem a essas questões? Eles usam todas as estratégias ou técnicas que você poderia pegar emprestado no seu próprio texto? Há alguma estratégia ou técnica recomendada neste capítulo, ou que você encontrou ou desenvolveu por conta própria, que você recomendaria para esses autores?

2. Procure por algo que você mesmo escreveu. Você pode indicar "para quê" e "quem se importa"? Se não, revise seu texto para tal. Você poderia utilizar o seguinte modelo para começar.

- Segundo minha opinião, (isto/este assunto) pode interessar àqueles que ___________. Além desse público limitado, porém, meu ponto de vista se dirige a todos que se preocupam com a questão maior de ___________.

PARTE 3
"AMARRAR TUDO JUNTO"

OITO

"COMO RESULTADO"

Conectar as partes

CERTA VEZ, TIVEMOS um aluno chamado Bill, cuja frase-padrão característica era algo assim:

> Spot é um bom cachorro. Ele tem pulgas.

"Você tem que conectar suas frases" era nosso conselho nas margens dos trabalhos do Bill. "O que tem a ver Spot ser bom com suas pulgas?" "Essas duas afirmações parecem não ter relação nenhuma. Como se pode conectá-las de alguma forma lógica?" Quando comentários como estes não produziram resultados, tentamos dar algumas sugestões para ele.

> Spot é um bom cachorro, mas tem pulgas.
> Spot é um bom cachorro, embora tenha pulgas.

Entretanto, nossa mensagem não foi entendida com clareza, assim o padrão desconexo de Bill persistiu até o fim do semestre.

E, mesmo assim, Bill realmente se focou nas disciplinas. Quando mencionou o cachorro Spot (ou Plato, ou qualquer outro tópico) em uma frase, pudemos contar com Spot (ou Plato) como sendo o tema da frase seguinte também. Este não foi o caso de alguns colegas de Bill, que algumas vezes alteravam o tema de frase em frase ou mesmo de oração em oração em um único período. Todavia, como Bill se esqueceu de marcar suas conexões, seu texto foi tão frustrante de ler quanto os deles. Em todos esses casos, tivemos que lutar para descobrir por conta própria como as sentenças e os parágrafos eram conectados ou não conseguiam se conectar com o outro.

O que torna esses escritores tão difíceis de ler, em outras palavras, é que eles nunca retomam o que acabaram de dizer ou avançam para o que pretendem dizer. "Nunca olhe para trás" pode ser seu lema, quase como se vissem a escrita como um processo de pensar em algo para dizer sobre um tema e escrevê-lo, então pensar em outra coisa a dizer sobre o assunto e colocá-lo no papel também, e assim por diante, até que tenham preenchido o número atribuído de páginas e possam entregar o trabalho. Cada frase, em geral, inicia um novo pensamento, em vez de crescer e estender o pensamento da frase anterior.

Quando Bill falou sobre seus hábitos de escrita, reconheceu que nunca voltava e lia o que tinha escrito. Na verdade, ele disse que, além de usar o *software* de computador para verificar se havia erros de ortografia e certificar se os tempos verbais estavam todos corretos, ele nunca chegou a reler o que escreveu antes de entregar. Como Bill parecia imaginar, escrever era algo para fazer sentado ao computador, ao passo que a leitura era uma atividade separada, geralmente reservada para ser feita em uma poltrona, com o livro na mão. Nunca tinha passado pela cabeça de Bill que, para escrever uma frase boa, ele tinha que pensar sobre como ela se relacionava com as que vinham antes e depois, que tinha que pensar muito sobre como essa frase se encaixava nas frases que a rodeavam. Cada frase de Bill existia em uma espécie de túnel isolado de cada frase na página. Ele nunca se preocupou em colocar todas as partes do texto juntas, porque, aparentemente, pensava na escrita como uma questão de acumular informações ou observações em vez de construir um argumento sustentado.

O que propomos neste capítulo é que você não só dialogue com os outros no texto, mas com você mesmo: que nesse diálogo você estabeleça relações claras entre uma afirmação e outra, ligando essas afirmações.

Este capítulo aborda a questão de como conectar todas as partes do seu texto. Os melhores textos estabelecem uma sensação de equilíbrio e direção ao fazer conexões explícitas entre suas diferentes partes, de modo que o que é dito em uma frase (ou parágrafo) estabelece o que está por vir e é claramente informado por aquilo que já foi dito. Quando se escreve uma frase, cria-se uma expectativa na mente do leitor de que a frase seguinte terá repercussão e se estenderá, sobretudo se essa próxima frase conduzir seu argumento em uma nova direção.

Pode ajudar pensar em cada frase que você escreve como tendo braços que se estendem para frente e para trás, como sugere a figura 6. Quando as frases se estendem para fora, elas estabelecem conexões que ajudam seu fluxo de texto sem problemas, de forma que os leitores apreciem. De modo oposto, quando a escrita não tem essas ligações e se move aos trancos e barrancos, os leitores têm repetidamente de voltar mais as frases e adivinhar as conexões por conta própria. Para evitar tal desconexão e fazer sua escrita fluir, aconselhamos seguir um princípio de "faça você mesmo", o que significa que é sua função, como escritor, fazer o trabalho duro de conectar as orações em vez de, como Bill fez, deixar esse trabalho para os leitores.

Este capítulo apresenta várias estratégias que podem ser utilizadas para colocar esse princípio em ação: (1) usar termos de transição (como "portanto" e "como resultado"); (2) adicionar palavras com função de indicar (como "este" ou "tal"); (3) desenvolver um conjunto de termos e frases principais de cada texto que você escreve e (4) se repetir, mas com uma diferença, um movimento que consiste em repetir o que você disse, mas com variação suficiente para evitar ser

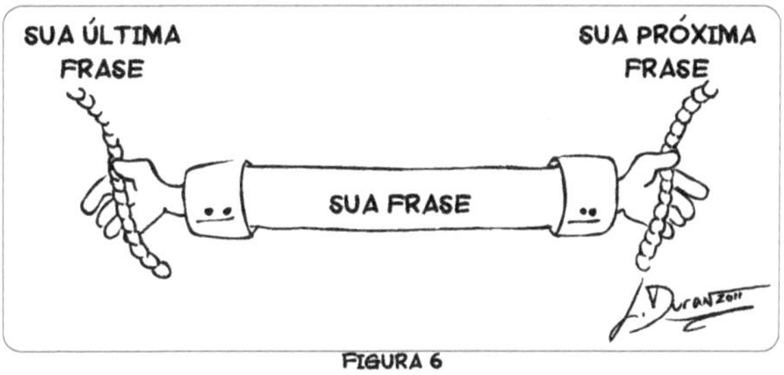

FIGURA 6

redundante. Todos esses movimentos exigem que você sempre olhe para trás e, na elaboração de qualquer frase, pense no que vem antes.

Observe como nós mesmos temos usado esses recursos de conexão até agora neste capítulo. O segundo parágrafo deste capítulo, por exemplo, abre com a transição "e, no entanto", sinalizando uma mudança na direção, enquanto a frase de abertura do terceiro inclui a frase "em outras palavras", dizendo que espera uma reafirmação de um ponto que acabamos de fazer. Se você observar ao longo deste livro, deverá ser capaz de encontrar muitas frases que contêm alguma palavra ou frase que, explicitamente, os remetem a algo dito anteriormente, para algo a ser dito, ou a ambos. E muitas frases neste capítulo repetem termos-chave relacionados com a ideia de conexão: "conectar", "desconectar", "*link*", "para frente" e "para trás".

USE TRANSIÇÕES

Para os leitores acompanharem sua linha de pensamento, você não só precisa conectar suas frases e parágrafos entre si, mas também marcar o tipo de conexão que está fazendo. Uma das maneiras mais fáceis de fazer esse movimento é a utilização de transições (da raiz latina *trans*, "através"), que ajudam a cruzar seu texto de um ponto ao outro. As transições são normalmente colocadas perto ou no início de frases para que elas possam transmitir aos leitores aonde seu texto está indo. Mais especificamente, as transições indicam aos leitores se o texto está ecoando uma frase ou parágrafo anterior ("em outras palavras"), acrescentando-lhe algo ("além disso"), dando um exemplo disso ("por exemplo"), generalizando a partir dele ("como resultado") ou modificando-o ("e, no entanto").

A seguir há uma lista de transições de uso geral, classificadas de acordo com as suas diferentes funções.

ADIÇÃO

também
e
além de
ademais
além do mais
realmente
de fato
além disso
igualmente

EXEMPLIFICAÇÃO

afinal de contas
como exemplo
por exemplo
sobretudo
tome por exemplo
considere o seguinte

ELABORAÇÃO

na verdade
por extensão
em resumo/em suma
isto é
em outras palavras
de outra forma
de forma direta
de forma sucinta
enfim

COMPARAÇÃO

neste mesmo sentido
da mesma forma
de forma semelhante
do mesmo modo

CONTRASTE/OPOSIÇÃO

mas
em contrapartida
de outro modo
apesar de
entretanto
ao contrário
contudo
no entanto
pelo contrário
por outro lado
independentemente de/não obstante
ao passo que/enquanto
ainda

CAUSA E EFEITO

assim sendo	como
como resultado	assim
como consequência/por conseguinte	então
daí	portanto
	deste modo

CONCESSÃO

embora	obviamente
mesmo que	é claro (que)
sem dúvida	para ter certeza
embora seja verdade que	

CONCLUSÃO

como resultado	em suma
como consequência/por conseguinte	portanto
daí	deste modo
em conclusão	para recapitular
em resumo	para resumir

De preferência, as transições devem operar de forma discreta no texto, de maneira que elas passem para segundo plano e os leitores nem mesmo percebam que elas estão lá. É um pouco como o que acontece quando motoristas ligam a sinalização antes de virar à direita ou à esquerda: assim como outros motoristas reconhecem esses sinais quase que inconscientemente, os leitores devem processar os termos de transição com um mínimo de esforço. Mas, embora esses termos devam funcionar de forma discreta no texto, podem estar entre as ferramentas mais poderosas em seu vocabulário. Pense em como você fica para baixo quando alguém, imediatamente depois de elogiar você, começa uma frase com "mas" ou "no entanto". Não importa o que vem depois, você sabe que não é coisa boa.

Observe que algumas transições podem ajudar você não só a passar de uma frase para outra, mas a combinar duas ou mais frases em uma só. Combinando frases dessa forma previne-se o efeito entrecortado, com quebras que surgem quando muitas frases curtas são amarradas juntas, uma após a outra. Por exemplo, para combinar as duas frases desconexas de Bill ("Spot é um cachorro bom. Ele tem pulgas.") em uma frase com mais fluência, sugerimos que ele as reescrevesse como "Spot é um bom cachorro, embora tenha pulgas".

As transições como essas não só guiam os leitores por meio dos desdobramentos de seu argumento, mas também ajudam a garantir que você tem um argumento em primeiro lugar. Na verdade, pensamos em termos como "mas", "ainda", "contudo", "além disso", e outros como palavras e argumento, já que é difícil usá-las sem fornecer algum tipo de argumento. A palavra "portanto", por exemplo, faz com que você garanta que as afirmações precedentes levem logicamente à conclusão de que ela apresenta. "Por exemplo" assume também um argumento, uma vez que exige que o material que você está apresentando fique como um exemplo ou prova de alguma generalização anterior. Como resultado, quanto mais você utilizar transições, mais você será capaz não apenas de ligar as partes do texto, mas também de construir um argumento sólido em primeiro lugar. E se você se inspirar nelas com frequência suficiente, seu uso acaba se tornando quase instintivo. Às vezes acontece de você usar transições de forma excessiva, então tire um tempo para ler a versão preliminar com cuidado e elimine transições que são desnecessárias. Mas, seguindo a máxima de que você precisa aprender os movimentos básicos de argumentação antes que possa deliberadamente se afastar deles, aconselhamos que você não deve antecipar os termos de transição explícita até dominar sua utilização. Em todos os nossos anos de ensino, lemos inúmeros textos que tinham pouca ou nenhuma transição, mas não conseguimos nos lembrar de um no qual as transições foram usadas em demasia. Escritores experientes, algumas vezes, omitem transições explícitas, mas apenas porque eles dependem fortemente de outros tipos de recursos de conexão de ideias a que nos referiremos no resto deste capítulo.

Antes disso, porém, vamos nos lembrar de inserir transições pensando em seus significados evitando "digamos", "portanto", quando a lógica do texto realmente requer um "contudo" ou "entretanto". Então cuidado! A escolha de termos de transição envolve um pouco de suor mental, já que a razão de usá-los é fazer com que seu texto fique de mais fácil leitura e não de menos. Mais frustrante que ler o estilo do texto de Bill, como, por exemplo, "Spot é um cachorro bom. Ele tem pulgas", é ler um texto com as frases mal conectadas como "Spot é um cachorro bom. Por exemplo, ele tem pulgas".

USE PALAVRAS QUE INDICAM

Outra maneira de se conectar as partes de seu argumento é usar palavras que indicam ou remetem a algum conceito na frase anterior. As palavras mais comuns incluem "isto", "estes", "aquele", "aquilo", isso", "esse" e pronomes simples como "dele", "ele", "dela", "ela", e "seu/sua/suas". Esses termos ajudam a criar o fluxo do qual falamos anteriormente, o que permite que os leitores se movam sem esforço ao longo do texto. De certo modo, esses termos são como uma mão invisível que alcança sua frase, agarrando o que é necessário nas frases anteriores e puxando-a.

Como as transições, no entanto, palavras que indicam precisam ser usadas com cuidado. É perigosamente fácil inserir essas palavras em seu texto que não se referem a um objeto claramente bem definido, assumindo que, como o objeto que você tem em mente é claro para você, também será claro para seus leitores. Por exemplo, considere o uso de "isto" no trecho a seguir.

> Alexis de Tocqueville era muito crítico sobre as sociedades democráticas, que ele via como tendendo à oclocracia. Ao mesmo tempo, ele assentia as sociedades democráticas com respeito relutante. Isto é visto na afirmação de Tocqueville de que...

A palavra "isto" é utilizada de forma que fique como um ponteiro ambíguo ou móvel, já que os leitores não podem dizer se esse pronome demonstrativo se refere à atitude crítica de Tocqueville para com as sociedades democráticas, seu respeito relutante para eles ou alguma combinação dos dois. Os leitores murmuram "Isto o quê?" conforme se remetem a tais trechos e tentam entendê-los. Também é tentador procurar enganar com palavras que indicam, esperando que elas escondam ou compensem as confusões conceituais que podem estar ocultas em seu argumento. Ao se referir a uma ideia vaga como "este/isto" ou "esse/aquele/aquilo", pode-se esperar a inexatidão que, de alguma forma, aparecerá de modo mais claro do que é.

Você pode corrigir problemas causados por um ponteiro móvel, certificando-se de que há um e somente um objeto possível nas redondezas, ao qual o ponteiro poderia estar se referindo. Muitas vezes também ajuda nomear o objeto a que se está referindo ao mesmo tempo em que você aponta para ele, substituindo o vago "isto" no exemplo anterior por uma frase mais precisa como "essa ambivalência em relação às sociedades democráticas" ou "esse respeito relutante".

REPITA TERMOS E EXPRESSÕES IMPORTANTES

Uma terceira estratégia para conectar as partes de seu argumento consiste em elaborar um acervo de termos e expressões principais, incluindo seus sinônimos e antônimos, que serão repetidos ao longo do texto. Quando utilizados de forma eficaz, esses termos-chave devem ser os itens que os leitores poderão extrair de seu texto, a fim de obter uma ideia de seu tópico. Brincar com termos-chave também pode ser uma boa maneira de chegar a um título e cabeçalhos apropriados para seu texto.

Observe a frequência com que Martin Luther King Jr. usa as palavras-chave "crítica", "afirmação", "resposta" e "correspondência" no parágrafo de abertura de sua famosa "Carta da prisão de Birmingham".

> Caros companheiros sacerdotes:
> Embora eu esteja preso aqui na cadeia da cidade de Birmingham, me deparei com sua recente afirmação chamando minhas atividades atuais de "imprudentes e inoportunas". Raramente eu faço uma pausa para responder a crítica a meu trabalho e as minhas ideias. Se eu procurasse responder à todas às críticas que passam por minha mesa, minhas secretárias teriam pouco tempo para outra coisa senão essa correspondência no decorrer do dia, e eu não teria tempo para o trabalho construtivo. Entretanto, como eu sinto que vocês são homens de boa vontade genuína e que suas críticas são apresentadas com sinceridade, gostaria de tentar responder sua afirmação no que espero que sejam pacientes e razoáveis.
>
> Martin Luther King Jr., *Carta da prisão de Birmingham*

Mesmo que King use os termos "crítica" e "resposta" três vezes cada e "afirmação" duas vezes, o efeito não é muito repetitivo. Na verdade, esses termos-chave ajudam a construir uma sensação de equilíbrio no parágrafo e a amarrá-lo.

Como um outro exemplo do uso eficaz dos termos-chave, considere o seguinte trecho, no qual a historiadora Susan Douglas desenvolve um conjunto de termos-chave nitidamente contrastantes em torno do conceito de "esquizofrênico cultural": mulheres como ela mesma que, como Douglas afirma, estão em cima do muro sobre as imagens de feminilidade ideal com a qual são constantemente bombardeadas pela mídia.

> Em uma variedade de formas, os meios de comunicação ajudaram a nos tornar esquizofrênicos culturais que somos hoje em dia, as mulheres que se rebelam contra isso ainda se submetem às imagens dominantes sobre como deveria ser um mulher desejável, que vale a pena... A mídia gerou em muitas mulheres um tipo de crise de identidade cultural. Estamos ambivalentes em relação à feminilidade por um lado e em relação ao feminismo, por outro. Pressionadas em direções opostas, disseram que éramos consideradas iguais, mas disseram que éramos subordinadas;

disseram que poderíamos mudar a história, mas disseram que ficamos presas pela história, ganhamos as curvas em uma tenra idade, nunca nos livramos delas.

Quando abro uma *Vogue*, por exemplo, fico ao mesmo tempo furiosa e seduzida... Eu adoro o materialismo; desprezo o materialismo... Quero parecer bonita, acho que querer parecer bonita é o objetivo mais idiota que alguém poderia ter. A revista mexe com meu desejo, a revista desperta meu mau humor. E isso não acontece só quando eu estou lendo a *Vogue*, acontece a toda hora... Por um lado, por outro lado, isso não sou só eu, isso significa ser uma mulher nos EUA.

Para explicar esta esquizofrenia...

Susan Douglas, *Where the girls are:*
Growing up female with the mass media[1]

Nesse trecho, Douglas define "esquizofrenia" como um conceito-chave e, em seguida, o repete por meio de sinônimos como "crise de identidade", "ambivalente", "as curvas" e até o demonstra por uma série de palavras e frases opostas:

se rebelam / se submetem
disseram que éramos iguais / disseram que éramos subordinadas
disseram que poderíamos mudar a história / disseram que ficamos presas pela história
furiosa / seduzida
Eu adoro / eu desprezo
Quero / acho que querer... é o objetivo mais idiota
mexe com meu desejo / desperta meu mau humor
Por um lado / por outro lado

Essas frases opostas ajudam a aprofundar a afirmação de Douglas de que as mulheres estão pressionadas em duas direções ao mesmo

1. Onde estão as meninas: virando mulher com os meios de comunicação de massa. (N.T.)

tempo. Com isso, elas unem o trecho a uma totalidade unificada de que, apesar de sua complexidade e sofisticação, fica focada em toda sua extensão.

REPITA-SE — MAS COM DIFERENÇA

A última técnica que apresentamos para conectar as partes de seu texto consiste em repetir a si mesmo, mas com uma diferença, o que basicamente significa dizer a mesma coisa que você acabou de dizer, mas de uma maneira um pouco diferente que evita soar monótono. A fim de conectar com eficácia as partes de seu argumento e mantê-lo avançando, tenha cuidado para não pular de uma ideia para uma diferente ou introduzir novas ideias frias. Em vez disso, tente construir pontes entre suas ideias repetindo o que você acabou de dizer, ao mesmo tempo deslocando o texto para um novo território.

Muitos dos recursos de conexão de ideias discutidos neste capítulo são maneiras de se repetir de uma maneira especial. As palavras-chave, os termos que indicam e até mesmo muitas transições podem ser usados de uma maneira que não só acrescenta partir da frase anterior, mas de alguma forma, a altera. Quando Douglas, por exemplo, usa o termo-chave "ambivalente" para repetir sua referência anterior à esquizofrenia, ela está se repetindo com uma diferença, repetindo o mesmo conceito, mas com um significado diferente que acrescenta novas associações.

Além disso, quando você usar frases de transição como "em outras palavras" e "de outra forma", você se repete com uma diferença, uma vez que essas frases ajudam a reiterar afirmações anteriores, mas em um registro diferente. Quando você abrir uma frase com "em outras palavras", em resumo, você está dizendo a seus leitores que, caso eles não compreendam inteiramente o que você quis dizer na última frase, está agora voltando a ela outra vez com um viés ligeiramente diferente, ou que, como você está apresentando uma ideia muito importante, não vai ignorá-la rapidamente, mas vai explorá-la ainda mais para se certificar de que seus leitores compreendem todos os aspectos do assunto.

Iríamos ainda mais longe para sugerir que, após sua primeira frase, quase todas as frases que você escrever deverão se remeter às informações anteriores, de alguma forma. Caso você esteja escrevendo um comentário "ademais" que complementa o que você acabou de dizer ou uma afirmação "por exemplo" que ilustra isso, cada frase deve repetir pelo menos um elemento da frase anterior, de algum modo perceptível. Mesmo quando o texto mudar de direção e requerer transições como "ao contrário", "contudo" ou "mas", ainda é necessário marcar essa mudança, ligando a frase a outra pouco antes dessa, como no exemplo a seguir.

> Cheyenne amava jogar basquete. Entretanto, ela temia que sua altura fosse colocá-la em desvantagem.

Essas frases funcionam porque apesar de a segunda frase mudar de curso e qualificar a primeira, ainda ecoam os conceitos-chave da primeira. Não só "ela" ecoa "Cheyenne", já que ambas se referem à mesma pessoa, mas o "temia" ecoa "amava", estabelecendo o contraste determinado pelo termo "contudo". "Contudo", então, não é uma desculpa para mudar os temas de formas radicais. Também exige repetição para ajudar a trocar as margens com você e seguir a linha de pensamento.

A repetição, em suma, é o meio fundamental pelo qual se pode passar do ponto A para o ponto B em um texto. Para introduzir uma última analogia, pense como alpinistas experientes escalam uma encosta íngreme. Em vez de pular ou recuar para o lado de um apoio para o próximo, bons alpinistas se agarram em um apoio seguro na posição que eles criaram antes de chegar à borda seguinte. O mesmo se aplica à escrita. Para se mover com suavidade de ponto a ponto em seu argumento, é necessário fundamentar de modo determinado o que você diz no que você já disse. Dessa forma, seu texto continua centrado, ao mesmo tempo avançando.

"Mas, espere aí", você pode estar pensando, "a repetição não é exatamente o que os escritores sofisticados devem evitar, por razões que farão com que o texto pareça simplista, como se estivessem detalhando o óbvio?" Sim e não. Por um lado, os escritores, certamente podem ter problemas se se limitam meramente a se repetir e nada mais. Por outro lado, a repetição é o segredo para a criação de continuidade no texto. É impossível ficar no caminho certo no texto se você não repetir seus pontos de vista ao longo do corpo do texto. Ademais, os escritores nunca causariam impacto sobre os leitores se não repetissem seus pontos principais, muitas vezes o suficiente, a fim de reforçar esses pontos e fazer com que eles se sobressaiam em relação aos pontos de vista subordinados. O truque, portanto, não é evitar a repetição de si mesmo, mas repetir-se em formas variadas e interessantes para que você avance seu argumento sem soar entediante.

Exercícios

1. Leia a seguir a abertura do capítulo 2 de *A caminho de Wigan*, de George Orwell. Anote os recursos de conexão de ideias sublinhando as transições, circulando os termos-chave e colocando caixas em torno dos termos que indicam.

> Nossa civilização... está edificada em carvão, mais completamente do que se percebe até que pare para pensar nisso. As máquinas que nos mantêm vivos, e as máquinas que fazem máquinas, são dependentes direta ou indiretamente de carvão. No metabolismo do mundo ocidental, o mineiro é o segundo em importância apenas para o homem que lavra a terra. Ele é uma espécie de cariátide encardida sobre cujos ombros quase tudo que não é encardido é suportado. Por esta razão o processo real pelo qual o carvão é extraído vale apenas ser observado, caso você tenha a oportunidade e esteja disposto a se dar o trabalho.
>
> Quando você desce em uma mina de carvão, é importante tentar chegar à frente do carvão, quando os "enchedores" estão em trabalho. Isto não é fácil, porque quando a mina estiver funcionando, os visitantes são um incômodo e não são incentivados, mas se você vier em outro horário, é possível sair com uma impressão totalmente errada. Em um

domingo, por exemplo, uma mina parece estar em paz. O tempo para ir lá é quando as máquinas estão rugindo e o ar está preto com pó de carvão então você pode realmente ver o que os mineiros têm que fazer. Na época, o lugar é como o inferno ou qualquer classificação de acordo com minha própria imagem mental do inferno. A maioria das coisas que se imagina do inferno está lá: calor, ruído, confusão, escuridão, ar impuro e, acima de tudo, espaço apertado e insuportável. Tudo, exceto o fogo, pois não há fogo lá embaixo, a não ser os fracos feixes de luzes Davy e lanternas que dificilmente penetram as nuvens de pó de carvão.

Quando finalmente você chegar lá – e chegar lá já é um trabalho em si, vou explicar isso em um momento você rasteja pela última linha de suportes e se vê em frente a uma parede de preto brilhante de um metro e vinte de altura. Esta é a face do carvão. Sobre a cabeça há o teto liso feito de rocha do que foi reduzido o carvão; abaixo há a rocha novamente. Então a galeria em que você está é tão elevada quanto a própria borda de carvão, provavelmente não mais do que um metro. A primeira impressão de todos, sobretudo por um tempo, é de algo assustador. Barulho ensurdecedor da esteira transportadora que leva o carvão para longe. Não é possível ver muito longe, porque o nevoeiro de pó de carvão sopra de volta o feixe da lâmpada, mas é possível ver nos dois lados a linha de homens ajoelhados seminus, um para cada quatro ou cinco metros, levando pás sob o carvão caído e atirando rapidamente sobre os ombros esquerdos...

George Orwell, *A caminho de Wigan*

2. Leia algo que você tenha escrito com um olhar voltado para os recursos que você usou para conectar as partes. Sublinhe todas as transições, termos que apontam, termos-chave e repetição. Você vê algum padrão? Você utiliza determinados recursos mais do que outros? Há alguns trechos que são difíceis de acompanhar e, em caso afirmativo, você pode torná-los mais fáceis de ler tentando qualquer um dos recursos discutidos neste capítulo?

NOVE

"NÃO É ASSIM / NÃO É"

A escrita convencional nem sempre significa pôr de lado sua própria voz

VOCÊ JÁ TEVE a impressão de que escrever bem na faculdade significa pôr de lado o tipo de termos ou expressões que você usa na fala diária? Que para impressionar seus professores você precisa usar palavras difíceis, frases longas e estruturas complexas de sentença? Caso afirmativo, estamos aqui para lhe dizer que não é necessariamente assim. Pelo contrário, a escrita acadêmica pode e, em nossa opinião, deve ser descontraída, fácil de entender, e até um pouco divertida. Embora não queiramos sugerir que evite usar termos acadêmicos sofisticados no seu texto, encorajamos que você se baseie em tipos de expressões e modos de falar que você usa todos os dias ao conversar com a família e amigos. Neste capítulo, queremos mostrar como você pode escrever argumentos acadêmicos eficazes, ao mesmo tempo mantendo sua própria voz.

Este ponto é importante, pois você pode muito bem se tornar desligado do texto, caso ache que suas práticas linguísticas correntes têm que ser verificadas na sala de aula. Você pode acabar se sentindo como uma aluna que conhecemos que, quando perguntada como se sentia sobre os textos que fazia na faculdade, respondeu: "Eu faço os textos porque tenho que fazer, mas não sou eu exatamente!"

Isto não é para sugerir que quaisquer termos ou expressões que você utilize entre amigos têm um lugar na escrita convencional. Também não é para sugerir que você possa recorrer ao uso coloquial como uma desculpa para não aprender formas mais rigorosas de expressão. Afinal, essas formas de aprendizagem mais rigorosas de expressão e de desenvolver uma personalidade intelectual são das principais razões para se ter um formação acadêmica. No entanto, gostaria realmente de sugerir que linguagem relaxada, coloquial, muitas vezes pode animar a escrita acadêmica e até mesmo aumentar seu rigor e precisão. Essa linguagem informal contribui também para manter contato com os leitores de forma pessoal bem como intelectual. Em nossa opinião, então, é um erro supor que as linguagens acadêmica e cotidiana são línguas completamente separadas que nunca podem ser usadas juntas.

MISTURE OS ESTILOS ACADÊMICO E COLOQUIAL

Muitos escritores de sucesso misturam a linguagem acadêmica, profissional com expressões populares e provérbios. Considere, por exemplo, o seguinte trecho de um artigo acadêmico sobre o modo como os professores respondem aos erros na escrita dos alunos.

> A indicação e o julgamento dos erros formais e mecânicos nos trabalhos de alunos são uma área onde estudos de redação parecem ter um distúrbio de personalidade múltipla. Por um lado, nossas personalidades prontas, centradas no aluno, com base em processo tendem a condenar a indicação de erros formais de qualquer maneira. Isso representa os maus velhos tempos. Sra. Fidditch e o Sr. Flutesnoot com lápis vermelhos afiados, derramando sangue inocente em toda a página. Trabalho de detalhe, inútil. Normas desumanas, perfeccionistas, que fazem nossos alunos se sentirem estúpidos, errados, triviais, incompreendidos. Joseph Williams apontou como são arbitrários nossos julgamentos sobre erros formais. E certamente nossas observações sobre erros nos trabalhos dos alunos não dão a ninguém grande alegria, como diz Peter Elbow, a língua inglesa é, com bastante frequência, associada com a gramática ou com alta literatura, "duas áreas concebidas para fazer a gente se sentir o máximo disso".
>
> Robert Connors e Andrea Lunsford,
> *Frequency of formal errors in current college writing, or Ma and Pa Kettle do research*[1]

1. Frequência de erros formais na escrita universitária atual, ou Ma e Pa Kettle fazem pesquisa. (N.T.)

Esse trecho mistura estilos de escrita de várias maneiras. Primeiro, coloca as expressões informais, descontraídas como "prontas", "os velhos tempos maus" e "gente" com termos mais formais, acadêmicos como "distúrbio de personalidade múltipla", "centradas no aluno", "com base em processo" e "arbitrariedade e ligação ao contexto". Até o título do texto *A frequência de erros formais na escrita acadêmica atual, ou Ma e Pa Kettle fazem pesquisa* combinou o uso formal e acadêmico no lado esquerdo da vírgula, com uma referência popular à cultura aos personagens ficcionais do filme *Ma e Pa Kettle* à direita. Em segundo lugar, deu forma vívida, concreta para a discussão da classificação de disciplinadores. Connors e Lunsford evocam tais arquétipos, figuras imaginárias como os mestres antiquados, convencionais Sra. Fidditch e Sr. Flutesnoot. Por meio desses usos criativos da linguagem, Connors e Lunsford injetam mais força no que poderia ter sido uma prosa seca, acadêmica.

As misturas formal/informal como essas podem ser encontradas em inúmeros outros textos, embora com mais frequência na área de humanas do que na de ciências, e mais frequentemente ainda na de jornalismo. Observe como o crítico da indústria alimentar Eric Schlosser descreve algumas alterações na cidade de Colorado Springs, no seu livro *best-seller* sobre *fast-food* nos Estados Unidos.

> A maluquice outrora associada a Los Angeles veio com máxima explosão em Colorado Springs – a energia estranha, criativa que aflora até onde o futuro está sendo feito conscientemente, onde as pessoas andam sobre a linha tênue que separa o visionário de um louco varrido.
>
> Eric Schlosser, *Fast food nation*[2]

Schlosser poderia ter corrido o risco e não ter se referido à "maluquice", mas à "excentricidade" associada a Los Angeles, ou à "linha tênue que separa o visionário de um lunático" ao invés de "... um louco varrido". Sua decisão, porém, de utilizar termos mais aventureiros,

2. Nação fast-food. (N.T.)

coloridos dá uma vivacidade a sua escrita que teria faltado com os termos mais convencionais.

Outro exemplo de escrita que mistura o informal com o formal vem de um ensaio sobre a romancista norte-americana Willa Cather feito pela crítica literária Judith Fetterley. A discussão do "grande sucesso de Cather consiste no fato de controlar como pensamos sobre ela". Fetterley, com base na obra de outro estudioso, escreve o seguinte:

> Como Merrill Skaggs colocou, "Ela está controlando de forma neurótica e é autoconsciente sobre seu trabalho, mas ela sabe de tudo que ela está fazendo. Acima de tudo, ela é autoconsciente".
>
> Sem dúvida, Cather era de veneta.
>
> Judith Fetterley, *Willa Cather and the question of sympathy: The unofficial story*[3]

Esse trecho demonstra não apenas que os termos técnicos da psicologia "autoconsciente" e "controlando de forma neurótica" são compatíveis com as expressões cotidianas, populares como de "veneta", mas também traduz um tipo de língua para a outra. Fetterley sugere que não é preciso escolher entre as formas rarefeitas, acadêmicas de falar e a linguagem cotidiana do diálogo casual. Na verdade, esse trecho oferece uma receita simples para misturar o alto e o baixo: primeiro exponha seu ponto de vista com as expressões de um campo profissional e faça isso de novo com expressões cotidianas, um grande truque, achamos, para ressaltar um ponto de vista.

Veja a p. 196. Há um texto que mistura os estilos coloquial e acadêmico.

Embora um efeito da mistura de expressões como esse seja dar mais vigor ao texto, outro é fazer uma declaração política, sobre a forma como, por exemplo, a sociedade injusta supervaloriza alguns dialetos e desvaloriza outros.

---

3. Willa Cather e a questão da compreensão: A história não oficial. (N.T.)

Por exemplo, nos títulos de dois de seus livros, *Talkin and testifyin: The language of black America and black talk: words and phrases from the hood to the amen corner*, a linguista Geneve Smitherman mistura as expressões do vernáculo do afro-americano com a linguagem mais acadêmica, a fim de sugerir, como ela afirma explicitamente nesses livros, que o inglês vernacular dos negros é variedade linguística tão legítima quanto o inglês "padrão". A seguir há três trechos típicos.

> Nos EUA dos negros, a tradição oral tem servido como um veículo fundamental para "superar as barrera." Essa tradição preserva a tradição afro-americana e reflete o espírito coletivo da raça.
>
> Os negros são rapidamente ridicularizados como "tolos instruídos", a pessoa que foi à escola e lê "todos os livro" e ainda não sabe nada!
>
> ... é uma estratégia verbal socialmente aprovada para que os *rappers* negros falem que "eles é ruim."
>
> Geneva Smitherman, *Talkin and testifyin: The language of black America*[4]

Nesses exemplos, Smitherman mistura o inglês-padrão escrito de expressões como "tradição oral" e "veículo fundamental" com o inglês vernacular negro "superar as barrera", "todos os livro" e "eles é ruim". De fato, ela até mistura as ortografias do inglês-padrão com as do inglês vernacular negro "dem" e "ovuh"[5], mimetizando assim o inglês vernacular negro realmente como parece. Embora alguns estudiosos pudessem se opor a essas práticas não convencionais, este é precisamente o ponto de vista de Smitherman: que devem ser abertas

4. Falando e testificando: A língua dos negros dos EUA. (N.T.)
5. No original, Geneva Smitherman utiliza-se de formas do Black English para exemplificar as diferenças em relação ao inglês-padrão. Por exemplo, all dem book seria all the books; e gettin ovuh seria getting over. Dessa forma, a tradução foi adaptada para um português não padrão. (N.T.)

nossas práticas linguísticas cotidianas e que precisa ser ampliado o número de participantes no diálogo acadêmico.

De modo semelhante, a escritora e ativista Gloria Anzaldúa mistura inglês-padrão com Tex-Mex, uma mistura híbrida de inglês, espanhol castelhano, um dialeto do norte do México, e a língua indígena Nahuatl, para expor um ponto de vista político sobre a repressão da língua espanhola nos Estados Unidos.

> Do ponto de vista desta polinização cruzada racial, ideológica, cultural e biológica, uma consciência "estrangeira" está atualmente no processo de tomada de nova consciência *mestiza, una conciencia de mujer.*
>
> Gloria Anzaldúa, *Borderlands / La frontera: The new mestiza*

Como Smitherman, Anzaldúa expõe seu ponto de vista, não apenas pelo que ela diz, mas pelo modo como ela diz, literalmente, mostrando que a nova consciência híbrida ou *mestiza*, que ela descreve é, como ela diz, "neste momento uma tomada de consciência".

Enfim, esses trechos sugerem que as línguas em contato, o que Vershawn Ashanti Young chama de "entrosamento de código", podem pôr em dúvida a própria ideia de que as línguas são diferentes e separadas.

QUANDO MISTURAR ESTILOS? CONSIDERE SEU PÚBLICO E OBJETIVO

Como há tantas opções na escrita, você nunca deve se sentir limitado na sua escolha de palavras, como se essas escolhas estivessem cristalizadas. Você sempre pode experimentar expressões ou termos e melhorar o texto. Você sempre pode usar formalidade, informalidade ou alguma combinação dos dois. Ao utilizar informalidade nas expressões ou termos, por exemplo, pode apresentar uma afirmação que alguém "não percebeu" dizendo em vez disso que "não viu". Ou pode afirmar que a pessoa "não percebeu" algo, dizendo que ela era "avoadinha".

Você poderia até mesmo reformular o título deste livro: "Na opinião deles/Em minha opinião", como um adolescente poderia dizer "Tipo assim/Já é".

Mas como você sabe quando é melhor ser normativo e se manter no inglês-padrão e quando se deve ser mais aventureiro e misturar tudo? Quando, em outras palavras, você deve escrever "não percebi" e quando é certo (ou mais eficiente) escrever "não vi"? É sempre conveniente misturar estilos? E quando você faz isso, como você sabe quanto é o bastante?

Em todas as situações, pense cuidadosamente sobre seu público e objetivo. Quando você escreve uma carta solicitando emprego, por exemplo, ou faz uma solicitação de bolsa de estudos, nesta situação suas palavras serão avaliadas por autoridades oficiais, por isso o uso de linguagem muito coloquial ou de gíria pode muito bem colocar em risco suas chances de sucesso. Em tais ocasiões, geralmente é melhor não se arriscar, estar mais próximo possível de acordo com as convenções da língua escrita padrão. Em outras situações, para outros públicos-alvo, no entanto, há espaço para ser mais criativo. Neste livro, por exemplo. Por fim, suas opiniões sobre a linguagem apropriada para a situação devem levar em conta o público-alvo em potencial e objetivo do texto.

Embora possa ter sido no passado, a escrita acadêmica na maioria das disciplinas, hoje em dia, já não é o equivalente linguístico de um caso de formalidade. Para ter sucesso como escritor na universidade, então, nem sempre é necessário limitar sua linguagem ao estritamente formal. Embora a escrita acadêmica se baseie em padrões de períodos compostos e em termos especializados e de áreas específicas, é surpreendente quantas vezes esse tipo de texto se baseia nas expressões ou termos de rua, da cultura popular, das nossas comunidades étnicas e do ambiente familiar. É por meio da mistura dessas expressões e termos que o que conta como "língua-padrão" muda ao longo do tempo, e a gama de possibilidades abertas paras os escritores na academia continua a crescer.

Exercícios

1. Pegue um parágrafo deste livro e use informalidade, reescrevendo-o em linguagem coloquial informal. Em seguida, reescreva o mesmo parágrafo novamente com formalidade. Depois, reescreva o parágrafo mais uma vez de uma forma que combine os dois estilos. Mostre seus textos a um colega e discuta quais versões são mais eficazes e por quê.

2. Encontre algo que você tenha escrito para um curso na faculdade e analise-o para ver se você já usou algumas de suas próprias expressões cotidianas, palavras ou estruturas que não são "acadêmicas". Se por acaso você não encontrar nenhum texto, veja se há um lugar ou dois em que o deslocamento para uma linguagem mais casual ou inesperada ajudaria a expor seu ponto de vista, chame a atenção de seu leitor ou simplesmente adicione vivacidade ao texto. Certifique-se de manter seu público-alvo e objetivo em mente e use a linguagem que será adequada para ambos.

DEZ

"NÃO ME INTERPRETE MAL"

A arte do metacomentário

QUANDO DIZEMOS ÀS PESSOAS que estamos escrevendo um capítulo sobre a arte do metacomentário, muitas vezes elas nos olham com um olhar perplexo e nos dizem que não têm a menor ideia sobre o que seja "metacomentário". "Sabemos o que é comentário", às vezes dizem, "mas o que significa quando é meta?" Nossa resposta é que se elas conhecem o termo ou não, praticam a arte de metacomentário diariamente, sempre que fazem questão de explicar algo que tenham dito ou escrito: "O que eu quis dizer foi __________". "Meu ponto de vista não era __________, mas __________" ou "você provavelmente não vai gostar do que eu vou dizer, mas __________." Nesses casos, eles não estão apresentando novos pontos de vista, mas dizendo ao público-alvo como interpretar o que já disseram ou estão prestes a dizer. Em suma, o metacomentário é uma maneira de comentar suas alegações e contar aos outros como pensar e como não pensar sobre elas.

Pode ajudar se você pensar em metacomentário como sendo o coral em uma peça grega, que fica ao lado do drama que se desenrola no palco e explica seu significado para o público ou como um narrador com voz em *off* que comenta e explica a ação em um programa de televisão ou cinema. Pense no metacomentário como uma espécie de segundo texto que fica ao lado do seu texto principal, explicando o que ele significa. No texto principal, você diz algo; no metatexto você guia seus leitores na interpretação e processamento do que você já disse.

FIGURA 7

O que estamos sugerindo, então, é que você pense sobre seu texto como dois textos unidos no quadril: um texto principal em que você expõe seu argumento e outro em que você "trabalha" suas ideias, distinguindo suas opiniões das de outras pessoas que podem ser confundidas, antecipando e respondendo às oposições, ligando um ponto ao outro, explicando por que sua afirmação pode ser controversa e assim por diante. A figura 7 demonstra o que queremos dizer.

USE O METACOMENTÁRIO PARA ESCLARECER E EXPLICAR EM DETALHE

Mas por que você precisa de metacomentário para dizer aos leitores o que você quer dizer e guiá-los no seu texto? Não é possível dizer claramente o que quer dizer logo de saída? A resposta é que, não importa a clareza e precisão de seu texto, os leitores podem ainda deixar de compreendê-lo de diversas maneiras. Até mesmo os melhores escritores podem provocar reações nos leitores que não pretendiam, até mesmo bons leitores podem se perder em um argumento complicado ou não conseguir ver como um ponto de vista se conecta com o outro. Os leitores também podem deixar de ver o que se segue a partir do seu argumento ou podem acompanhar seu raciocínio e exemplos, ainda que não consigam ver a conclusão maior que você extrai deles. Eles podem deixar de observar a importância global de seu argumento ou interpretar mal o que você está dizendo para um argumento relacionado ao que tenham ouvido antes, mas do qual você pretende se distanciar. Como resultado, não importa se você é um escritor direto, os leitores ainda precisam de você para ajudá-los a entender o que você realmente quer dizer. Como a palavra escrita é propensa à crítica e pode ser interpretada de tantas maneiras diferentes, precisamos de metacomentários para manter equívocos e outras falhas de comunicação a distância.

Outra razão para dominar a arte do metacomentário é que auxiliará você no desenvolvimento de suas ideias e produção de mais textos. Se você já teve problemas para produzir o número necessário de páginas para um trabalho, o metacomentário pode ajudá-lo a adicionar conteúdo e profundidade ao texto. Temos visto muitos alunos que tentam apresentar um texto de cinco páginas, mas que mal chegam a redigir duas ou três páginas, queixando-se que já disseram tudo o que podiam pensar sobre o tópico.

"Já declarei minha tese e apresentei minhas razões e evidências", nos disseram os alunos. "O que mais há a fazer?" É quase como se esses escritores tivessem produzido uma tese e não sabem o que fazer com ela.

Quando esses alunos aprendem a usar o metacomentário, no entanto, eles obtêm o máximo de suas ideias e escrevem textos maiores, mais relevantes. Em suma, o metacomentário pode ajudar a extrair todo o potencial de suas ideias, extraindo implicações importantes, explicando ideias a partir de perspectivas diferentes, e assim por diante.

Assim, mesmo quando você possa achar que já disse tudo em um argumento, tente inserir os seguintes tipos de metacomentário.

- Em outras palavras, ela não percebe até que ponto ela está certa.
- O que _________ realmente quer dizer é _________.
- Meu ponto de vista não é _________, mas _________.
- Enfim, então, meu objetivo é demonstrar que _________.

Idealmente, tal metacomentário deve ajudar a reconhecer algumas implicações de suas ideias que você inicialmente não percebeu que estavam lá.

Vejamos como o crítico cultural, Neil Postman, usa o metacomentário no seguinte trecho que descreve a mudança que vê na cultura americana, conforme se distancia da imprensa e leitura e se aproxima da televisão e cinema.

> Minha intenção neste livro é mostrar que uma grande... mudança ocorreu nos EUA, com o resultado que o conteúdo de grande parte do nosso discurso público se tornou absurdo e perigoso. Com isto em vista, minha tarefa nos próximos capítulos é simples. Em primeiro lugar, tenho que demonstrar como, sob o domínio da imprensa, o discurso nos EUA era diferente do que é agora, geralmente coerente, sério e racional, e, então, como, sob o domínio da televisão, tornou-se paralisado e absurdo. Mas, para evitar a possibilidade de que minha análise seja interpretada como uma lamúria acadêmica de marca padrão, uma espécie de reclamação elitista contra o "lixo" na televisão, em primeiro lugar tenho de explicar que... Eu aprecio lixo, tanto quanto o indivíduo ao lado, e sei muito bem que a imprensa tem gerado quantidade suficiente para encher o Grand Canyon, a ponto de transbordar. A televisão não é velha o suficiente para ter acompanhado a produção de lixo da imprensa.
>
> Neil Postman, *Amusing ourselves to death: Public discourse in the age af show business*[1]

1. Divertindo-nos até morrer: O discurso público na era da indústria de entretenimento. (N.T.)

Para ver o que queremos dizer com um metacomentário, olhe as frases anteriores em itálico. Com esses movimentos, Postman se destaca em especial a partir de suas principais ideias, a fim de ajudar os leitores a acompanhar e entender o que ele está argumentando.

> Ele prevê o que argumentará: Minha intenção neste livro é mostrar...
>
> Ele especifica como apresentará o argumento: Com isto em vista, minha tarefa nos próximos capítulos... é... em primeiro lugar, tenho que demonstrar... e, então,...
>
> Ele distingue o argumento de outros argumentos que podem ser facilmente confundidos: Mas, para evitar a possibilidade de que minha análise seja interpretada como... em primeiro lugar tenho de explicar que...

TÍTULOS COMO METACOMENTÁRIO

Até o título do livro de Postman, *Amusing ourselves to death: Public discourse in the era of show business*, funciona como uma forma de metacomentário, pois, como todos os títulos, ele se afasta do próprio texto e conta aos leitores o ponto principal do livro: o próprio prazer fornecido pela indústria de entretenimento contemporânea é destrutivo.

Os títulos, aliás, são uma das formas mais importantes de metacomentário, funcionando um pouco como vendedores de rua que falam aos transeuntes o que eles podem esperar do produto, caso decidam comprá-lo. As legendas, também, funcionam como metacomentário, também explicam ou detalham o título principal. O subtítulo deste livro, por exemplo, não só explica que se trata de "movimentos que fazem diferença na escrita acadêmica", mas indica que o que está "Na opinião deles/Em minha opinião" é um desses movimentos. Pensar num título como metacomentário pode realmente ajudar a desenvolver títulos mais vigorosos, aqueles que, como os de Postman, dão aos leitores uma dica sobre qual será o argumento. Compare tais títulos com títulos inúteis de abertura "Shakespeare" ou "Esteroides" ou "texto inglês", ou textos sem títulos de alguma forma. Os textos com títulos vagos (ou sem títulos) enviam a mensagem que o escritor simplesmente não se preocupou em refletir sobre o que está dizendo e não está interessado em guiar ou orientar os leitores.

UTILIZE OUTROS MOVIMENTOS COMO METACOMENTÁRIO

Muitos dos outros movimentos abordados neste livro funcionam como metacomentário: acolher críticas, adicionar transições, organizar citações, responder às questões "para quê? e "quem se importa?" Quando você acolhe críticas, fica de fora de seu texto e imagina o que um crítico poderia dizer; quando você adiciona transições, explica principalmente a relação entre os vários argumentos. E quando você responde às perguntas "para quê?"e "quem se importa?", olha para além do argumento central e explica quem deve estar interessado nele e por quê.

MODELOS PARA INTRODUZIR METACOMENTÁRIOS

PARA EVITAR POSSÍVEIS ENGANOS

Os movimentos a seguir ajudam a diferenciar certos pontos de vista daqueles que podem ser confundidos.

- Principalmente, não estou afirmando que devemos desistir da política, mas que devemos monitorar os efeitos muito mais de perto.
- Isso não quer dizer que ___________, mas sim ___________.
- X está preocupado menos com ___________ do que com ___________.

PARA ALERTAR OS LEITORES SOBRE UM APROFUNDAMENTO DE UMA IDEIA ANTERIOR

Os movimentos a seguir aprofundam um ponto anterior, dizendo aos leitores: "Caso você não o tenha compreendido na primeira vez, procurarei dizer a mesma coisa de uma forma diferente".

- Em outras palavras, ___________.
- De outra forma, ___________.
- O que X está dizendo aqui é que ___________.

PARA FORNECER AOS LEITORES UM ROTEIRO DO SEU TEXTO

Esse movimento orienta os leitores, esclarecendo onde você estava e aonde você vai e facilitando-lhes o processo e o acompanhamento do texto.

- O capítulo 2 explora ___________, ao passo que o capítulo 3 examina ___________.
- Com o argumento de que ___________, gostaria agora de complicar o tema ___________.

PARA SE DESLOCAR DE UMA AFIRMAÇÃO GERAL PARA UM EXEMPLO ESPECÍFICO

Esses movimentos ajudam a explicar um argumento geral, fornecendo um exemplo concreto que ilustra o que você está dizendo.

- Por exemplo, ___________.
- ___________, por exemplo, demonstra ___________.
- Considere, por exemplo, ___________.

- Tome por exemplo ___________.

PARA INDICAR QUE UMA AFIRMAÇÃO É MAIS, MENOS OU IGUALMENTE IMPORTANTE

Os modelos a seguir ajudam a dar ênfase relativa à afirmação que está sendo introduzida, mostrando se a afirmação é de mais ou menos importância que a anterior ou igual a ela.

- Ainda mais importante, ___________.
- Mas acima de tudo, ___________.
- Aliás, faremos uma breve observação, ___________.
- O fato é tão importante quanto ___________.
- Da mesma forma, ___________.
- Por último, ___________.

PARA EXPLICAR UMA AFIRMAÇÃO QUANDO VOCÊ ANTECIPA OPOSIÇÕES

Segue abaixo um modelo para ajudar a antecipar e reagir a possíveis objeções.

- Embora alguns leitores possam se opor a ___________, eu responderia que ___________.

PARA GUIAR OS LEITORES A SEU ARGUMENTO MAIS GERAL

Esses movimentos mostram que você está conectando e amarrando várias subafirmações anteriores.

- Em suma, ___________.

- Minha conclusão é que ___________.

- Conclui-se que ___________.

O capítulo 6 apresenta mais modelos para antecipar objeções.

Neste capítulo, procuramos mostrar que a escrita mais persuasiva, frequentemente, retoma seus próprios argumentos e faz comentários sobre eles de forma a ajudar os leitores a negociá-los e processá-los. Em vez de simplesmente acumular argumento sobre argumento, os escritores eficazes ficam, constantemente, "atuando como diretor de cena". É verdade, claro, que, para ser persuasivo, um texto tem de ter fortes argumentos para defender. Mas mesmo os argumentos mais fortes poderão fragilizar-se a menos que os escritores usem metacomentários, a fim de evitar equívocos potenciais e fazer seus argumentos brilharem.

Exercícios

1. Leia um texto ou artigo e faça anotações para indicar as diferentes formas por meio das quais o autor utiliza metacomentário. Use os modelos das páginas 135-37 como guia. Por exemplo, você pode querer circular termos ou expressões de transição e escrever "trans" nas margens, para colocar colchetes em torno de frases que detalham as frases anteriores e marcar com "detal" ou sublinhar frases em que o autor resume o que vem dizendo, escrevendo "resum" nas margens.

   Como o autor usa metacomentário? O autor segue algum dos modelos fornecidos neste livro palavra por palavra? Será que você encontrou formas de metacomentário não abordadas neste capítulo? Se sim, pode identificá-las, nomeá-las e, talvez, desenvolver modelos com base neles para usar no seu próprio texto? E afinal, em sua opinião, como a utilização de metacomentário pelo autor aumenta (ou prejudica) o texto dele?

2. Complete cada um dos seguintes modelos de metacomentário com qualquer forma que faça sentido.

- Ao justificar minha oposição quanto ao uso medicinal da maconha, não estou dizendo que____________.

- Entretanto, meu argumento realmente fará mais do que provar que uma determinada substância química industrial tem certas propriedades tóxicas. Neste artigo, eu também [verbo no futuro] ____________.

- Minha opinião sobre a obsessão nacional com o esporte reforça a crença de muitos ____________ que ____________.

- Eu acredito, portanto, que a guerra é totalmente injustificada. Mas deixe-me voltar e explicar como cheguei a esta conclusão: ____________. Desta forma, cheguei a acreditar que essa guerra é um grande erro.

PARTE 4
"EM AMBIENTES ACADÊMICOS ESPECÍFICOS"

ONZE

"EU CONCORDO COM VOCÊ"

Entrar em discussões em sala de aula

ALGUMA VEZ VOCÊ ESTEVE em uma discussão de sala de aula que parece menos um encontro genuíno de mentes que uma série de monólogos descontínuos, desconexos? Você faz um comentário, digamos, que lhe parece provocativo, mas o colega que fala depois não faz nenhuma referência ao que você disse, em vez disso, sai por uma direção completamente diferente. Então, o colega que fala em seguida não faz referência nem a você e nem a nenhuma outra pessoa, fazendo parecer como se todos na conversa estivessem mais interessados nas próprias ideias deles que em realmente conversar com os outros.

Gostamos de pensar que os princípios que este livro promove podem contribuir para melhorar as discussões em sala de aula, que incluem cada vez mais várias formas de comunicação *on-line*. É bastante importante para a discussão em sala de aula o argumento de que nossas ideias se tornam mais convincentes e poderosas quanto mais sensíveis estamos em relação aos outros, e quanto mais estruturamos nossas afirmações não isoladamente, mas como respostas ao que os outros antes de nós já disseram. Enfim, uma boa discussão em sala de aula face a face (ou de comunicação *on-line*) não acontece espontaneamente. Requer o mesmo tipo de movimentos disciplinados e práticas utilizadas em muitas situações de escrita, sobretudo a de identificar aquilo a que você está respondendo e a quem.

ESTRUTURE SEUS COMENTÁRIOS COMO RESPOSTA A ALGO QUE JÁ FOI MENCIONADO

A única coisa mais importante que você precisa fazer quando entrar numa discussão em sala de aula é relacionar o que você está prestes a dizer com algo que já foi mencionado.

- Realmente gostei do argumento de Aaron sobre os dois lados que são mais próximos do que parecem. Gostaria de acrescentar que os dois parecem bastante razoáveis.
- Concordo com seu argumento, Nádia, de que __________. Entretanto...
- Embora Sheila e Ryan pareçam estar em desacordo sobre__________, na verdade, podem não estar totalmente tão distantes assim.

Ao estruturar seus comentários dessa forma, costuma ser melhor nomear tanto a pessoa quanto a ideia a que você está respondendo. Se nomear a pessoa de forma específica ("Concordo com o Aaron, porque __________"), pode não estar claro aos ouvintes a que parte do que disse Aaron você está se referindo. De outro modo, se você apenas resumir o que Aaron disse sem citar o nome dele, talvez deixe seus colegas se perguntando de quem são os comentários a que você está se referindo.

Mas será que não soará empolado e profundamente redundante na sala de aula, caso você tente reformular o argumento que o colega acabou de mencionar? Afinal de contas, no caso do primeiro modelo acima, a turma inteira terá acabado de ouvir o argumento de Aaron, sobre os dois lados que são mais próximos do que parecem. Por que então você precisaria reformulá-lo?

Concordamos que, em situações orais, em geral realmente soa artificial reformular o que as pessoas acabaram de dizer, exatamente porque acabaram de mencionar o argumento. Seria estranho se, ao ser solicitado a passar o sal durante o almoço, alguém fosse responder: "Se eu entendi bem, você me pediu para passar o sal. Sim, eu posso, e aqui está". Mas, em debates orais sobre questões complicadas que estão abertas a múltiplas interpretações, geralmente precisamos sintetizar o que outros já disseram para ter certeza de que todos estão falando a mesma coisa. Como Aaron pode ter exposto vários argumentos quando ele falou e pode ter sido seguido de outras pessoas, a turma provavelmente terá de identificar a que argumento dele você está se referindo. E mesmo se Aaron expuser apenas um argumento, reiterar o argumento é útil, não só para fazer o grupo recordar qual era o argumento dele (como alguns podem tê-lo perdido ou esquecido), mas também para certificar-se de que ele, você e outros interpretaram o argumento dele da mesma maneira.

PARA MUDAR DE ASSUNTO, INDIQUE DE FORMA EXPLÍCITA QUE VOCÊ ESTÁ FAZENDO ISSO

É bom tentar mudar a direção da conversa. Há apenas uma condição: é preciso deixar claro aos ouvintes que é isso que você está fazendo. Por exemplo:

- Até agora estamos falando sobre os personagens no filme. Mas a questão real aqui não é a cinematografia?
- Eu gostaria de mudar o tema para um que ainda não foi abordado.

Você pode tentar mudar de assunto sem indicar que está fazendo isso. Entretanto, corre o risco de que seu comentário seja interpretado como irrelevante e não como uma contribuição relevante que faz o diálogo fluir.

SEJA AINDA MAIS EXPLÍCITO DO QUE VOCÊ SERIA EM UM TEXTO

Como os ouvintes em uma discussão não podem voltar atrás e reler o que você acabou de mencionar, ficam mais facilmente sobrecarregados que os leitores no texto impresso. Por essa razão, em uma discussão em sala de aula, você se sairá bem se tomar algumas medidas adicionais para ajudar os ouvintes a acompanhar sua linha de raciocínio. (1) Quando você fizer um comentário, limite-se a um único argumento, embora possa discorrer sobre esse argumento, enriquecendo-o com exemplos e evidências. Se achar que deve expor dois argumentos, pode juntá-los sob um argumento amplo ou expor um argumento primeiro e guardar o outro para mais tarde. Tentar agrupar dois ou mais argumentos em um comentário pode resultar em não receber a atenção que merece. (2) Use o metacomentário para destacar seu argumento principal para que os ouvintes possam compreendê-lo de imediato.

- ▸ Em outras palavras, o que eu estou tentando explicar aqui é ____________.
- ▸ Meu argumento é este: ____________.
- ▸ Meu ponto de vista não é ____________, mas ____________.
- ▸ Esta distinção é importante porque ____________.

DOZE

"O QUE ESTÁ MOTIVANDO ESTE AUTOR?"

Ler para a discussão

"QUAL É O ARGUMENTO DO AUTOR? O que ele ou ela está tentando dizer?" Por muitos anos, estas foram as primeiras perguntas que gostaríamos de fazer, em nossas turmas, em uma discussão de textos como tarefa. A discussão que resultou era, muitas vezes, hesitante, já que nossos alunos tinham dificuldades de interpretar um argumento, mas, finalmente, depois de alguns silêncios constrangedores, a turma viria com algo com o qual todos poderíamos concordar: um resumo preciso da tese principal do autor. Mesmo depois de termos superado esse obstáculo, no entanto, a discussão, muitas vezes ainda parecia ser forçada e prosseguia com dificuldades à medida que todos nós brigávamos com a questão que naturalmente surgia a seguir: Agora que já havíamos determinado o que o autor estava dizendo, o que nós mesmos temos a dizer?

Por muito tempo não nos preocupávamos muito com essas discussões hesitantes, justificando-as para nós mesmos como o resultado previsível de passar leituras difíceis, desafiadoras como tarefa. Muitos anos atrás, no entanto, quando começamos a escrever este livro e passamos a pensar sobre a escrita como a arte de dialogar, nós nos fixamos na ideia de dar orientações com algumas perguntas diferentes: "A qual (is) outro(s) argumento(s) o escritor está respondendo?" "O escritor está discordando de algo ou concordando com algo, e se for assim, com o quê?" "O que está motivando o argumento do escritor?" "Há outras ideias que você encontrou nesta categoria ou em outros lugares que possam ser pertinentes?" Os resultados eram muitas vezes surpreendentes. As discussões que seguiam tendiam a ser muito mais animadas e a atrair um número maior de alunos. Ainda pedíamos aos alunos para olhar para o argumento principal, mas passamos a pedir para ver esse argumento como uma resposta a algum outro argumento que o provocou, que deu a ele uma razão de ser e que ajudou a todos nós vermos por que devemos nos preocupar com ele.

Pelo que tinha acontecido, percebemos que, mudando a pergunta de abertura, mudamos a forma como nossos alunos encaravam a leitura, e talvez o que pensávamos sobre o trabalho acadêmico, em geral. Em vez de pensar no argumento de um texto como uma entidade isolada, agora pensávamos nesse argumento como aquele a que respondeu e provocou outros argumentos. Como estávamos agora lidando não com um argumento, mas com pelo menos dois (o argumento do autor e aquele(s) a que ele estava respondendo), agora tínhamos formas alternativas de ver o tópico em questão. Isto significava que, em vez de apenas tentar entender o ponto de vista apresentado pelo autor, éramos capazes de questionar esse ponto de vista de maneira inteligente e participar do tipo de discussão e debate que é a marca de uma educação universitária. Em nossas discussões, debates animados, muitas vezes surgiram estudantes que achavam que o argumento do autor era convincente e outros que estavam mais convencidos do ponto de vista do desafio. No melhor desses debates, as posições binárias eram questionadas por alunos, que sugeriam que cada uma era simples demais, que as duas poderiam estar certas ou uma terceira alternativa era possível. Ainda outros puderam se opor dizendo que a discussão tinha perdido o argumento real do autor e sugerimos que todos nós voltássemos ao texto e prestássemos mais atenção ao que ele realmente mencionava.

Acabamos percebendo que o movimento a partir da leitura do argumento do autor de forma isolada para a leitura de como o argumento do autor está em diálogo com os argumentos dos outros ajuda os leitores a se tornar leitores pró-ativos, críticos e não receptores passivos de conhecimento. Em algum nível, ler para a discussão é mais rigoroso e exigente do que ler para observar o que um autor diz. Essa leitura exige que você determine não apenas o que o autor pensa, mas como o autor acha que se encaixa com o que os outros pensam, e, finalmente, como você próprio pensa. No entanto, em outro nível, a leitura feita dessa forma é muito mais simples e mais familiar que a leitura da tese por si só, pois relaciona o ato de escrever ao ato familiar, cotidiano de se comunicar com outras pessoas sobre problemas reais.

DECIFRAR A DISCUSSÃO

Sugerimos, então, que, ao propor uma leitura, você imagine o autor não sentado sozinho em um quarto vazio, debruçado sobre uma mesa ou olhando para uma tela de computador, mas sentado em um café lotado conversando com outras pessoas que estão expondo argumentos com os quais está envolvido. Em outras palavras, imagine o autor como participante de um diálogo contínuo, com múltiplos lados em que cada um está tentando convencer outros a concordarem com a posição deles ou pelo menos tomar a posição deles com seriedade.

A dica para ler para a discussão é descobrir a quais opiniões do autor está respondendo e qual é o próprio argumento do autor, ou para colocá-lo nos termos usados neste livro, para determinar o que está "Na opinião deles" e como o autor responde a ela. Um dos desafios na leitura do "Na opinião deles" e "Em minha opinião" pode consistir em descobrir qual é qual, uma vez que pode não ser óbvio quando os escritores estão sintetizando os outros e quando eles estão falando para si mesmos. Os leitores devem ficar atentos para qualquer alteração na voz que um escritor possa utilizar, pois, em vez de usar expressões indicativas como "embora muitos acreditem", os autores podem simplesmente resumir o ponto de visão que querem abordar e indicar apenas sutilmente que não são seus próprios.

Considere novamente a abertura para a seleção feita por David Zinczenko na p. 195.

> Se alguma vez houve uma manchete de jornal feita sob medida para o monólogo do Jay Leno, esta foi a primeira. As crianças que comem McDonald's estão processando esta semana a empresa por engordá-las. Esse fato não é semelhante a homens de meia-idade que estão processando a Porsche por fazerem com que eles sejam multados? O que aconteceu com a responsabilidade pessoal?

> No entanto, tenho a tendência de simpatizar com esses clientes corpulentos que consomem *fast-food*. Talvez seja porque eu costumava ser um deles.
>
> David Zinczenko, *Não ponha a culpa no consumidor*

Sempre que ensinamos esse trecho, alguns alunos, inevitavelmente, assumem que Zinczenko deve estar apoiando o ponto de vista no primeiro parágrafo: que processar o McDonald’s é ridículo. Quando a leitura é provocada pelos colegas, esses alunos apontam para a página e respondem com um argumento contrário. “Olhe. Está bem aqui na página. Isto é o que Zinczenko escreveu. Estas são palavras exatas dele”. A suposição de que esses alunos estão fazendo é que, se algo aparecer na página, o autor deve aprová-lo. No entanto, falamos os pontos de vista como ventríloquos nos quais não acreditamos e dos quais podemos, de fato, discordar veementemente, o tempo todo. As pistas centrais de que Zinczenko discorda, com a opinião expressa no seu parágrafo de abertura, aparecem no segundo parágrafo, quando ele finalmente faz a afirmação na primeira pessoa e usa uma transição de oposição “embora”, para esclarecer quaisquer dúvidas sobre onde ele está.

Veja o capítulo 6 para obter mais informações sobre discussão de argumentos negativos.

QUANDO O “NA OPINIÃO DELES” ESTÁ IMPLÍCITO

Outro desafio pode ser identificar o “Na opinião deles” quando não está explicitamente identificado. Ao passo que Zinczenko oferece um resumo inicial do ponto de vista a que ele está respondendo, outros autores assumem que seus leitores estão tão familiarizados com esses pontos de vista que eles não precisam nomeá-los ou resumi-los. Nesses casos, você, leitor, tem de reconstruir o “Na opinião deles” implícito que motiva o próximo por meio de um processo de inferência.

Veja, por exemplo, se você consegue reconstruir a posição que Tamara Draut está contestando no parágrafo de abertura de seu ensaio *The growing college gap*.

> "O primeiro em sua família a se formar na faculdade." Quantas vezes já ouvimos essa frase, ou algo parecido, utilizado para descrever um amcri cano bem-sucedido de origem humilde? Nos Estados Unidos de hoje em dia, um curso universitário de quatro anos se tornou o passaporte oficial para a segurança da classe média. Mas se seus pais não têm muito dinheiro ou nível superior, por direito próprio, o caminho para a faculdade, a vida futura, parece ser cada vez mais ilusória. Apesar de um aumento acentuado na proporção de diplomados do ensino médio que prosseguem para alguma forma de educação de nível superior, o nível socioeconômico continua a exercer uma forte influência sobre a admissão na universidade e conclusão do curso. Na verdade, as diferenças no número de matrículas por classe e raça, após o declínio nos anos 60 e 70, são mais uma vez tão grandes quanto eram trinta anos atrás, e cada vez maiores, até mesmo porque a faculdade se tornou muito mais crucial para o destino da vida.
>
> Tamara Draut, *The growing college gap*[1]

Você pode pensar que o "Na opinião deles" aqui está incorporado na terceira frase: Dizem (ou todos nós pensamos) que um curso universitário de quatro anos é "o passaporte oficial para a segurança da classe média", e você poderia supor que Draut vai continuar a discordar.

Se você lesse o trecho dessa forma, no entanto, ficaria confuso. Draut não está questionando se um diploma universitário se tornou "o passaporte para a segurança da classe média", mas se a maioria dos americanos pode obter esse passaporte, se a faculdade está dentro do alcance financeiro da maioria das famílias americanas. Você pode ter ficado desconcertado pelo "mas" após a afirmação de que a faculdade se tornou um pré-requisito de segurança da classe média. No entanto, ao contrário do "embora" na abertura de Zinczenko, esse "mas" não sinaliza que Draut está em desacordo com o ponto de vista que ela acabou de resumir, um ponto de vista que, na verdade, ela toma como algo conhecido. Do que Draut discorda é que este passaporte para a segurança da classe média ainda está prontamente disponível para as classes média e trabalhadora.

---

1. Diferença crescente para o acesso à universidade. (N.T.)

Se alguém imaginasse Draut em uma sala conversando com outras pessoas com opiniões firmes sobre esse assunto, seria preciso imaginá-la não desafiando aqueles que pensam que a faculdade é um passaporte para segurança financeira (algo com o qual ela concorda e toma como certo), mas aqueles que pensam que as portas da faculdade estão abertas a qualquer pessoa disposta a fazer o esforço para passar por elas. O ponto de vista de Draut consiste em contestar, então, não é resumido na abertura. Em vez disso, ela pressupõe que os leitores já estejam tão familiarizados com esse ponto de vista que ele não precisa ser declarado.

O exemplo de Draut sugere que, em textos em que "Na opinião deles" central não é imediatamente identificado, você tem que construí-lo, com base nas pistas que o texto fornece. Você tem que começar localizando a tese do escritor e, então, imaginar alguns dos argumentos que poderiam ser apresentados contra ele. Como seria discordar deste ponto de vista? No caso de Draut, é relativamente fácil construir um contra-argumento: é a fé familiar no sonho americano da igualdade de oportunidades quando se trata de acesso à universidade. A descoberta do contra-argumento não só revela o que motivou Draut como escritora, mas ajuda a responder ao texto dela com um leitor ativo, crítico. A construção desse contra-argumento também pode contribuir para reconhecer como Draut contesta seus próprios pontos de vista, questionando opiniões que anteriormente considerava normais.

QUANDO O "NA OPINIÃO DELES" CONSISTE EM ALGO QUE "NINGUÉM FALOU"

Outro desafio de ler para discussão é que os escritores, por vezes, constroem os argumentos respondendo à falta de discussão. Esses escritores constroem o argumento não jogando contra pontos de vista que podem ser identificados (como a fé no sonho americano ou a ideia de que somos responsáveis pelo nosso peso corporal), mas apontando para algo que outros têm negligenciado. Como destacam os teóricos de escrita John M. Swales e Christine B. Feak, uma maneira eficaz de "criar um espaço de investigação" e "estabelecer um nicho" no mundo acadêmico consiste em "indicar uma lacuna em... pesquisas anteriores". Muitas pesquisas em ciências e ciências humanas adotam esta forma: "Ninguém percebeu X".

Nesses casos, o escritor pode estar respondendo aos cientistas, por exemplo, que têm negligenciado uma planta desconhecida que oferece visões sobre o aquecimento global, ou para os críticos literários que estão tão ocupados focando no personagem principal de uma peça de teatro que não perceberam algo importante sobre os personagens de menor importância.

LER TEXTOS MUITO COMPLEXOS

Algumas vezes é difícil descobrir os pontos de vista a que os escritores estão respondendo, não porque esses escritores não identificam estes pontos de vista, mas porque sua linguagem e os conceitos de que estão tratando são bastante complexos. Considere, por exemplo, as duas primeiras frases do livro *Gender trouble: Feminism and identity of subversion*, escrito pela filósofa feminista e teórica literária Judith Butler.

> As feministas contemporâneas debatem o significado do intervalo de tempo de gênero e, novamente, um certo sentimento de angústia, como se a indeterminação pode acabar culminando no fracasso do feminismo. Talvez o problema não precise carregar tanta valência negativa.
>
> Judith Butler, *Gender trouble: Feminism and the subversion of identity*[2]

Há muitas razões para que os leitores possam tropeçar nesse trecho relativamente curto, uma delas é que Butler não indica explicitamente onde começa seu próprio ponto de vista e termina o ponto de vista ao qual ela está respondendo. Ao contrário de Zinczenko, Butler não usa a primeira pessoa "eu" ou uma frase como "em minha opinião", para mostrar que a posição na segunda frase é dela própria. Nem Butler apresenta uma transição clara, como "mas" ou "no entanto" no início do segundo período como indicação, conforme Zinczenko faz com "embora", de que na segunda frase ela está questionando o argumento

2. Problema de gênero: Feminismo e subversão da identidade. (N.T.)

que resumiu na primeira. E, finalmente, como muitos escritores acadêmicos, Butler usa palavras abstratas, desconhecidas como "gênero" (identidade sexual, masculina ou feminina), "indeterminação" (a qualidade de ser impossível definir ou especificar), "culminar" (finalmente resulta em) e "valência negativa" (um termo emprestado da química, em termos gerais denota a "significação negativa" ou "significado"). Por essas razões, é possível imaginarmos muitos leitores se sentindo intimidados antes de chegar à terceira frase do livro de Butler.

Mas os leitores que dividem esse trecho em suas partes essenciais descobrirão que é realmente um texto claro que está em conformidade com o padrão clássico "Na opinião deles/Em minha opinião". Embora possa ser difícil detectar os argumentos conflitantes nas duas frases, a análise atenta revela que a primeira frase oferece uma maneira de olhar para um certo tipo de "problema" no domínio da política feminista que está sendo contestado na segunda.

Para compreender trechos difíceis desse tipo, é necessário traduzi-los em suas próprias palavras, a fim construir uma ponte, com efeito, entre os termos desconhecidos do trecho com os mais familiares. A construção dessa ponte deve ajudar a relacionar o que você já sabe ao que o autor está dizendo e, então, contribuirá para se deslocar da leitura à escrita, fornecendo alguns dos termos ou expressões necessários para resumir o texto. Um dos maiores desafios em traduzir as palavras do autor no seu próprio texto é se manter fiel ao que o autor está dizendo realmente, evitando o que chamamos de "síndrome do clichê mais próximo", em que se confunde uma ideia comum com uma ideia mais complexa do autor (confundindo a crítica de Butler do conceito de "mulher", por exemplo, com a ideia comum de que as mulheres devem ter direitos iguais). O trabalho de escritores complexos, como Butler, que frequentemente desafiam o pensamento convencional, nem sempre pode ser classificado em tipos de ideias como as que a maioria de nós já está familiarizada. Portanto, quando você traduzir, não tente encaixar as ideias de tais escritores em suas crenças preexistentes,

Para mais informações sobre a síndrome do clichê mais próximo, veja o capítulo 2.

mas, em vez disso, permita que seus pontos de vista sejam desafiados. Na construção de uma ponte entre os escritores que você lê, muitas vezes é necessário conhecê-los melhor.

O que, então, a abertura de Butler diz? Ao traduzir as palavras de Butler em termos mais fáceis de entender, podemos ver que a primeira frase diz que hoje, para muitas feministas, "a indeterminação do gênero" – a incapacidade de definir a essência da identidade sexual – significa o fim do feminismo; que para muitas feministas a incapacidade de definir "gênero", pelo que se pode entender o elemento constituinte do movimento feminista, significa "problema" sério para a política feminista. Em contraste, a segunda frase sugere que esse mesmo "problema" não precisa ser pensado em tais termos "negativos", já que a incapacidade de definir feminilidade ou "problemas de gênero", como Butler chama no título de seu livro, pode não ser algo tão ruim assim e, enquanto ela continua a argumentar nas páginas seguintes, as ativistas feministas podem até lucrar. Com isso, em outras palavras, Butler sugere, ao destacar as incertezas sobre a masculinidade e a feminilidade, que essas incertezas podem ser uma poderosa ferramenta feminista.

Dessa forma, reunindo todas essas inferências, as frases de abertura podem ser traduzidas da seguinte forma: "Embora muitas feministas contemporâneas acreditem que a incerteza sobre o que significa ser uma mulher mine a política feminista, eu, Judith Butler, acredito que essa incerteza pode realmente ajudar a fortalecer a política feminista". A tradução do ponto de vista de Butler no movimento básico de nosso próprio livro: "Na opinião deles, se não podemos definir 'mulher', o feminismo está em grandes apuros. No entanto, em minha opinião, esse tipo de problema é precisamente de que o feminismo necessita". Assim, apesar de sua dificuldade, esperamos que concorde que esse trecho, inicialmente intimidador, faz sentido quando você se dispõe a compreendê-lo.

Esperamos que fique claro que a leitura crítica é uma via de mão dupla. É tal como estar aberto ao modo como os escritores podem desafiá-lo, talvez até mesmo transformá-lo, pois se trata de questionar esses escritores. E se você traduzir o argumento de um escritor em suas próprias palavras conforme você lê, convém que permita que o texto o mantenha afastado das ideias que você já defende e que o introduza a novos termos e conceitos. Mesmo se você acabar discordando de um autor, primeiro é necessário mostrar que realmente prestou atenção ao que ele está dizendo, entendeu por completo seus argumentos e pode resumir exatamente esses argumentos. Sem prestar atenção com cuidado e profundidade, qualquer crítica que você fizer será superficial e decididamente sem critério. Será uma crítica que diz mais sobre você do que sobre o escritor ou a ideia a que você está supostamente respondendo.

Neste capítulo, procurei mostrar que ler para discussão significa não olhar apenas para a tese de um texto de forma isolada, mas para o ponto de vista ou opiniões que motivam a tese – "Na opinião deles". Também tentamos mostrar que a leitura para a conversação significa estar alerta para as estratégias que diferentes escritores usam para apresentar seu(s) ponto(s) de vista, uma vez que nem todos os escritores apresentam outras perspectivas, da mesma forma. Alguns escritores, explicitamente, identificam e sintetizam um ponto de vista a que eles estão respondendo, no início do seu texto, e então retornam a ele frequentemente conforme o texto se desenrola. Alguns se referem apenas indiretamente a um a ponto de vista que os está motivando, assumindo que os leitores serão capazes de reconstruir esse ponto de vista por conta própria. Outros escritores podem não distinguir explicitamente seus próprios pontos de vista das opiniões que estão questionando, de forma que todos nós achemos claro, deixando alguns leitores a se perguntar se um determinado ponto de vista é o do próprio escritor ou um que está contestando. Alguns escritores partem contra o "Na opinião deles" que os está motivando em uma linguagem acadêmica complexa, que exige que leitores traduzam o que eles estão dizendo em termos mais acessíveis, de uso diário. Assim, embora a maioria dos escritores persuasivos sigam o padrão de diálogo "Na opinião deles/Em minha opinião", fazem isso em uma grande variedade de formas. Isso significa para os leitores que eles precisam estar armados com diversas estratégias para detectar os diálogos que leem, mesmo quando esses não são autoevidentes.

TREZE

"OS DADOS SUGEREM"

Escrever na área de ciências

CHRISTOPHER GILLEN

CHARLES DARWIN DESCREVEU o livro *Sobre a origem das espécies* como "um argumento longo". No *Diálogo sobre os dois máximos sistemas do mundo*, Galileu Galilei apresentou seu argumento para um sistema solar com o sol no centro como uma série de conversas. Como mostram esses exemplos históricos, a escrita científica é fundamentalmente argumentativa. Como todos os escritores acadêmicos, os cientistas apresentam e defendem argumentos. Tratam de divergências e exploram questões não respondidas. Propõem mecanismos modernos e novas teorias, promovem algumas explicações e rejeitam outras.

Embora o vocabulário possa ser mais técnico e a ênfase mais numérica, os escritores de ciência usam os mesmos movimentos retóricos como outros escritores acadêmicos. Considere o seguinte exemplo de um livro de 2006 sobre as leis da física.

> O comentário comum que se ouve nos debates fundamentais da mecânica quântica é que um objeto físico é, em certo sentido, uma onda e uma partícula, com sua natureza de onda aparente quando se mede uma propriedade

CHRISTOPHER GILLEN é professor de biologia na Kenyon College. Ele ensina fisiologia animal comparada, fisiologia integrativa e biologia do exercício, bem como matérias introdutórias e aulas de laboratório em biologia. Um foco de seu trabalho é ajudar os alunos a ler criticamente artigos de pesquisa primária.

> de onda, tais como comprimento de onda e sua natureza aparente de partícula quando se mede a propriedade da partícula como, por exemplo, posição. Mas isto é, na melhor das hipóteses, enganoso e, na pior das hipóteses, errado.
>
> V. J. Stenger, *The comprehensible cosmos*[1], 2006

A estrutura "Na opinião deles/Em minha opinião" desse trecho é inconfundível: Na opinião dos outros, os objetos têm propriedades tanto de ondas quanto de partículas, mas em minha opinião eles estão errados. Esse exemplo não é um trecho argumentativo isolado escolhido a dedo de um texto diferente não argumentativo. Ao contrário, o livro inteiro de Stenger expõe o argumento que está prenunciado em seu título, *The comprehensible cosmos,* de que, embora alguns possam ver o universo como irremediavelmente complexo, é essencialmente compreensível.

Aqui está outro trecho argumentativo, retirado de um artigo científico de 2001, sobre o papel do ácido lático na fadiga muscular:

> Em contraste com o papel, muitas vezes, sugerido para acidose como causa da fadiga muscular, é mostrado que nos músculos onde a força estava comprimida pelo elevado $[K^+]_0$, a acidificação por ácido lático produziu uma recuperação acentuada da força.
>
> O. B. Nielsen, F. de Paoli e K. Overgaard, "Protective effects of lactic acid on force production in rat skeletal muscle"[2], *The Journal of Physiology*, 2001

Em outras palavras, muitos cientistas acham que o ácido lático provoca fadiga muscular, mas a nossa evidência mostra que ela realmente promove a recuperação. Observe que os autores estruturam o argumento com uma versão da fórmula "Na opinião deles/Em minha opinião". Embora o trabalho anterior sugira __________, nossos dados mostram que __________. Esse movimento retórico básico e suas muitas variações são comuns na escrita científica. Os movimentos

1. O cosmos compreensível. (N.T.)
2. Efeito protetor do ácido lático na produção de força no músculo esquelético de ratos. (N.T.)

argumentativos essenciais ensinados neste livro transcendem as disciplinas, e as ciências não são exceção. Os exemplos neste capítulo foram escritos por cientistas profissionais, mas mostram os movimentos que são adequados em qualquer texto que aborde questões científicas.

Apesar da importância da argumentação na escrita científica, os recém-chegados ao gênero textual muitas vezes os veem unicamente como um meio de comunicar fatos objetivos, incontestáveis. É fácil ver como surge esse ponto de vista. O tom objetivo da escrita científica pode obscurecer seu caráter argumentativo, e muitos livros reforçam uma visão não argumentativa da ciência quando se concentram em conclusões aceitas e ignoram o debate permanente. E porque os escritores de ciência baseiam seus argumentos em dados empíricos, uma boa parte de muitos textos científicos realmente serve ao propósito de fornecer fatos que não são contestados.

No entanto, a escrita científica com frequência faz mais do que apenas relatar fatos. Os dados são cruciais para a argumentação científica, mas não são, de modo algum, o fim da história. Com dados novos e importantes, os cientistas avaliam sua qualidade, tiram conclusões a partir deles e ponderam suas implicações. Eles sintetizam os novos dados com informações existentes, propõem novas teorias e desenvolvem as próximas experiências. Enfim, o progresso científico depende da perspicácia e criatividade que os cientistas trazem para seus dados. A emoção de fazer ciência e escrever sobre ela vem da luta contínua para utilizar os dados para melhor compreender nosso mundo.

COMECE COM OS DADOS

Os dados são a moeda fundamental do argumento científico. Os cientistas desenvolvem hipóteses a partir de dados existentes e, em seguida, testam-nos comparando suas previsões com os novos dados experimentais. Resumi-los é, portanto, um movimento básico na escrita científica. Como podem muitas vezes ser interpretados de diferentes maneiras, a descrição de dados abre porta a uma análise crítica, criando oportunidades para interpretações críticas anteriores e desenvolvimento de novas.

A descrição de dados exige mais do que simplesmente informar números e conclusões. Em vez de saltar direto para a frase principal, isto é, X concluiu, é importante primeiro descrever as hipóteses, os métodos e os resultados que levaram à conclusão: "Para testar a hipótese de que __________, X mediu e verificou que __________. Portanto, X concluiu __________." Nas seções seguintes, exploraremos os três principais movimentos retóricos para descrever os dados que sustentam um argumento científico: apresentar teorias vigentes, explicar metodologias e resumir achados.

Apresentar as teorias vigentes

Os leitores devem compreender as teorias vigentes às quais um estudo responde antes que eles possam avaliar plenamente os detalhes. Então antes de mergulhar em detalhes, situe o trabalho em contexto, descrevendo as teorias vigentes e hipóteses. No trecho a seguir de um artigo de 2004, publicado em uma revista científica sobre a respiração de insetos, os autores discutem uma explicação para a troca gasosa descontínua, um fenômeno em que os insetos periodicamente fecham válvulas de seus tubos de respiração.

> Lighton (1996, 1998; veja também Lighton e Berrigan, 1995) observou a prevalência da troca gasosa descontínua em insetos fossoriais, que habitam microclimas onde os níveis de CO_2 podem ser relativamente elevados. Consequentemente, Lighton propôs a hipótese ctônica, o que sugere que a troca gasosa descontínua surgiu como um mecanismo para melhorar a troca gasosa e, ao mesmo tempo, minimizar a perda de água respiratória.
>
> A. G. Gibbs e R. A. Johnson, "The role of discontinuous gas exchange in insects: the chthonic hypothesis does not hold water"[3], *The Journal of Experimental Biology, 2004*

3. O papel da troca gasosa descontínua em insetos: A hipótese ctônica não contém água. (N.T.)

Observe que Gibbs e Johnson não só descrevem a hipótese de Lighton, mas também recapitulam a evidência que a apoia. Ao apresentar essa evidência, Gibbs e Johnson definem o cenário para começar o diálogo com as ideias de Lighton. Por exemplo, eles poderiam questionar a hipótese ctônica, apontando deficiências dos dados ou falhas em sua interpretação. Ou poderiam sugerir novas abordagens que possam verificar a hipótese. O argumento é que, ao incorporar uma discussão dos resultados experimentais no resumo das hipóteses de Lighton, Gibbs e Johnson abram a porta para uma conversa com Lighton.

Aqui estão alguns modelos para apresentar os dados que sustentam explicações vigentes:

- Os experimentos que mostram ____________ levaram os cientistas a propor ____________.
- Embora a maioria dos cientistas atribua ____________ a ____________, os resultados de X levam à possibilidade de que ____________.

Explicar os métodos

Mesmo quando afirmamos que os argumentos científicos dependem de dados, cabe notar que a qualidade dos dados varia dependendo de como eles foram coletados. Os dados obtidos com técnicas sem rigor ou experimentos mal planejados podem levar a conclusões erradas. Portanto, é crucial explicar os métodos utilizados para coletar dados. Para que os leitores avaliem um método, é necessário indicar seu objetivo, conforme demonstra o seguinte trecho de um artigo de periódico científico sobre a evolução do sistema digestivo de aves:

> Para testar a hipótese de que Melros da Serra convergiram com beija-flores em traços digestivos, comparamos a atividade das enzimas

> intestinais e da área do intestino nominal de pássaros de barriga da cor canela (*Diglossa baritula*) com os de onze espécies de beija-flor[4].
>
> J. E. Schondube e C. Martinez Del Rio,
> *Journal of Camparative Physiology*[5], 2004

É necessário indicar o objetivo de descrever seu trabalho próprio ou de terceiros. Aqui estão alguns modelos para fazer isso:

- Smith e seus colegas avaliaram ____________ para determinar se ____________.
- Como ____________ não corresponde a ____________, em vez de utilizarmos ____________.

Resumir os achados

Os dados científicos geralmente vêm na forma de números. Sua tarefa, ao apresentar os dados numéricos, é fornecer o contexto de que os leitores precisam para entender os números, dando as informações de apoio e fazendo comparações. No trecho a seguir, retirado de um livro sobre a interação entre os organismos e seus ambientes, Turner utiliza dados numéricos para apoiar um argumento sobre o papel da energia solar na Terra.

> A taxa potencial de transferência de energia entre o Sol e a Terra é imensa, cerca de 600 W m^{-2}, em média, ao longo do ano. Desse total, apenas uma fração relativamente pequena, da ordem de 1 a 2%, é capturada pelas plantas. O resto, se não é refletido de volta para o espaço, fica disponível para fazer outras coisas. O excesso pode ser considerável: embora algumas superfícies naturais reflitam até 95% do feixe solar de entrada, muitas superfícies naturais refletem muito menos (Tabela

4. No original *flowerpiercers* (Diglossa Baritula), espécie de ave encontrada no México, Guatemala e El Salvador. (N.T.)
5. Periódico de fisiologia comparada. (N.T.)

3.2), em média, cerca de 15 a 20%. O restante da energia absorvida é capaz de fazer o trabalho, como o aquecimento das superfícies, movimento de massas de água e ar ao redor para mudar o tempo climático e as condições metereológicas, evaporação da água, e assim por diante.

J. S. Turner, *The extended organism*[6], *2000*

Turner sustenta o argumento de que uma enorme quantidade de energia solar é convertida diretamente para ser utilizada na Terra, citando um valor real (600) com unidades de medida (Wm^{-2}, watts por metro quadrado). Os leitores precisam das unidades para avaliar o valor; 600 watts por polegada quadrada é muito diferente de 600 Wm^{-2}. Tuner então faz comparações utilizando os valores percentuais, dizendo que apenas 1% a 2% da energia total que chega à Terra é absorvida pelas plantas. Finalmente, Turner descreve a variabilidade dos dados informando comparações como intervalos de 1% a 2%, em vez de valores únicos.

As informações de apoio, tais como unidades de medida, tamanho da amostra (n) e quantidade de variabilidade, ajudam os leitores a avaliar os dados. Em geral, a confiabilidade dos dados melhora conforme aumenta o tamanho da amostra e diminui sua variabilidade. As informações de apoio podem ser concisamente apresentadas da seguinte forma:

- ___________ ± ___________ (*média ± variabilidade*) ___________ (*unidades*), n = ___________ (*tamanho da amostra*).

Por exemplo, antes do treinamento, a frequência cardíaca de repouso dos indivíduos era de 56 ± 7 batimentos por minuto, n = 12. Há outra maneira de fornecer informações de apoio:

- Medimos ___________ (*tamanho da amostra*) indivíduos, a resposta média foi ___________ (*média com unidades*) com um intervalo de ___________ (*menor valor*) para ___________ (*maior superior*).

6. O organismo estendido. (N.T.)

Para ajudar os leitores a entender os dados, faça comparações com valores do mesmo estudo e outro trabalho semelhante.

Aqui estão alguns modelos para fazer comparações:

- Antes do treinamento, a velocidade média de corrida foi de ± ___________ quilômetros por hora, ___________ quilômetros por hora mais lento do que a velocidade de corrida após o treinamento.

- Verificamos que a frequência cardíaca dos atletas era ___________ ± ___________ % menor do que a dos não atletas.

- Os indivíduos no estudo de X completaram o labirinto em ___________ ± ___________ segundos, ___________ segundos mais lentos do que aqueles no estudo de Y.

Por vezes, será necessário apresentar dados qualitativos, tais como aqueles encontrados em algumas imagens e fotografias, que não podem ser reduzidas a números. Os dados qualitativos devem ser descritos precisamente com palavras. No trecho a seguir, retirado de um artigo de revisão sobre as conexões entre a localização celular de proteínas e o crescimento celular, o autor descreve a localização exata de três proteínas: Scrib, Dlg e Lgl.

> As células epiteliais acumulam proteínas diferentes em suas superfícies apicais (em cima) e basolaterais (embaixo)... Scrib e Dlg estão localizadas nas junções septadas ao longo da superfície celular lateral, enquanto que Lgl recobre as vesículas que são encontradas tanto no citoplasma quanto "atracadas" na superfície lateral da célula.
>
> M. Peifer, "Travel bulletin – Traffic jams cause tumors" [7], *Science*, 2000

7. Boletim de viagem – congestimentos causam tumores. (N.T.)

EXPLIQUE O QUE QUEREM DIZER OS DADOS

Uma vez resumidas as experiências e os resultados, é necessário dizer o que querem dizer os dados. Considere o seguinte trecho retirado de um estudo no qual cientistas fertilizaram partes da floresta tropical com nitrogênio (N) e/ou fósforo (P).

> Embora nossos dados sugiram que os mecanismos que provocam as respostas respiratórias observadas para o aumento de N e P podem ser diferentes, as grandes perdas de CO_2 estimulado pela fertilização de N e P sugerem que o conhecimento desses padrões e seus efeitos no efluxo de CO_2 no solo são fundamentais para a compreensão do papel das florestas tropicais em um ciclo [de carbono] global de rápida mudança.
>
> C. C. Cleveland e A. R. Townsend, *Nutrient additions to a tropical rain forest drive substantial soil carbon dioxide losses to the atmosphere*[8], Anais da Academia Nacional das Ciências, 2006

Observe que, ao discutir as implicações de seus dados, Cleveland e Townsend usam os termos, incluindo os verbos "sugerir" e "pode ser", que denotam o nível de confiança.

Se você estiver resumindo o que os outros dizem sobre seus dados ou se estiver oferecendo sua própria interpretação, preste atenção nos verbos que se ligam aos dados para interpretações.

Para indicar um nível de confiança moderado:

- Os dados sugerem / indicam / implicam ___________.

Para expressar um maior grau de certeza:

- Nossos resultam mostram / demonstram ___________.

---

8. Adições de nutrientes a uma floresta tropical provoca grandes perdas de dióxido de carbono no solo para a atmosfera. (N.T.)

Quase nunca se usa o verbo "provar" em referência a um único estudo, porque mesmo uma evidência muito forte, geralmente, fica aquém da prova, a menos que outros estudos sustentem a mesma conclusão.

O consenso científico surge quando vários estudos apontam para a mesma conclusão; ao contrário, contradições entre os estudos, muitas vezes sinalizam questões de investigação que necessitam de novas pesquisas. Por essas razões, é necessário comparar os achados de um estudo aos de outro estudo. Aqui, também, é preciso escolher os verbos com cuidado.

- Nossos dados apoiam / confirmam / verificam o trabalho de X, mostrando que ___________.
- Ao demonstrar ___________, o trabalho de X amplia as conclusões do Y.
- Os resultados de X contradizem / refutam a conclusão de Y de que ___________.
- As conclusões de X põem em dúvida a teoria amplamente aceita de que ___________.
- Nossos dados estão de acordo com a hipótese de X de que ___________.

ELABORE SEUS PRÓPRIOS ARGUMENTOS

Agora nos voltamos para o papel da escrita científica, na qual você expressa suas próprias opiniões. Um desafio é que as afirmações de outros cientistas sobre seus métodos e resultados geralmente devem ser aceitas. Você provavelmente não poderá argumentar, por exemplo, que "X e Y alegam ter estudado seis elefantes, mas acho que eles realmente estudaram apenas 4". No entanto, talvez seja justo dizer que "X e Y estudaram apenas seis elefantes, e esse pequeno tamanho da amostra lança dúvidas sobre suas conclusões". A segunda afirmação não questiona o que os cientistas fizeram ou constataram, mas, em vez disso, examina a forma como os resultados são interpretados.

Ao desenvolver seus próprios argumentos – "Em minha opinião"– você normalmente começará avaliando as interpretações de outros cientistas. Considere o seguinte exemplo de um artigo de revisão sobre a hipótese da aclimatação benéfica, a ideia de que organismos expostos a um determinado ambiente se tornam melhor adequados a esse ambiente do que os animais não expostos.

> Para a surpresa da maioria dos fisiologistas, todos os exames empíricos da hipótese da aclimatação benéfica rejeitaram sua generalidade. No entanto, sugerimos que esses exames não sejam testes nem diretos nem completos do benefício funcional de aclimatação.
>
> R. S. Wilson e C. E. Franklin, "Testing the beneficial acclimation hypothesis"[9], *Trends in ecology & evolution*, 2002

Para obter mais informações sobre o movimento de "contorno", veja p. 60.

Wilson e Franklin usam uma versão do movimento de "contorno": eles reconhecem os dados coletados por outros fisiologistas, mas questionam como esses dados têm sido interpretados, criando uma oportunidade de oferecer sua própria interpretação.

Você pode perguntar se não deveríamos questionar como outros cientistas interpretam seus próprios trabalhos. Após a realização de um estudo, será que eles não estão em melhor posição para avaliá-lo? Talvez, mas, como o exemplo anterior demonstra, outros cientistas possam ver o trabalho sob uma perspectiva diferente ou com olhos mais objetivos. De fato, a cultura da ciência depende de um debate vigoroso em que os cientistas defendam suas próprias conclusões e contestem as dos outros – um intercâmbio de ideias

9. Teste da hipótese da aclimatação benéfica. (N.T.)

que ajuda a melhorar a confiabilidade da ciência. Portanto, expressar uma opinião crítica sobre o trabalho de outrem é parte integrante do processo científico. Examinemos alguns dos movimentos retóricos básicos para os diálogos na área científica: concordar, mas com uma diferença; discordar e explicar o porquê; concordar e discordar simultaneamente, antecipar, opor-se e dizer por que faz diferença.

Concordar, mas com uma diferença

A pesquisa científica passa por vários níveis de análise crítica antes de ser publicada. Os cientistas obtêm *feedback* quando discutem o trabalho com os colegas, apresentam os resultados em conferências e recebem opiniões de seus manuscritos. Assim, os debates mais interessantes podem ter sido resolvidos antes da publicação e você pode encontrar pouco a discordar na literatura publicada de uma pesquisa de campo. No entanto, mesmo se você concordar com o que leu, também há maneiras de participar do diálogo e razões para isso.

Uma abordagem é a de sugerir que sejam realizados novos trabalhos:

- Agora que ___________ foi estabelecido, os cientistas possivelmente voltarão a atenção para ___________.

- O trabalho de X leva à questão de ___________. Portanto, investigamos ___________.

- Para verificar se esses resultados são aplicáveis, propomos ___________.

Outra maneira de concordar e, ao mesmo tempo, participar do diálogo é concordar com uma conclusão e, então, propor um mecanismo que explique isso. No parágrafo seguinte, a partir de um artigo de revisão sobre carências alimentares, o autor concorda com um achado anterior e apresenta uma provável explicação.

> A ingestão inadequada de vitaminas e minerais é generalizada, provavelmente devido ao consumo excessivo de alimentos refinados, pobres em micronutrientes, ricos em energia.
>
> B. Ames, "Low micronutrient intake may accelerate the degenerative diseases of aging through allocation of scarce Micronutrients by triage"[10],
> *Anais da Academia Nacional das Ciências*, 2006

Aqui estão alguns modelos para explicar um resulto experimental.

- Uma explicação para a conclusão de X é que ___________. Uma explicação alternativa é ___________.
- A diferença entre ___________ e ___________ provavelmente se deve a ___________.

Discorde, mas explique por que

Embora o consenso científico seja comum, a discordância saudável não é incomum. Apesar de medidas realizadas por diferentes equipes de cientistas nas mesmas condições produzirem o mesmo resultado, os cientistas muitas vezes discordam sobre quais técnicas são mais adequadas, bem como um projeto experimental testa uma hipótese e estuda como os resultados devem ser interpretados. Para ilustrar tal desacordo, retomemos o debate sobre se o ácido lático é benéfico ou não durante o exercício. No trecho a seguir, Lamb e Stephenson estão respondendo ao trabalho de Kristensen e colaboradores, que argumenta que o ácido lático pode ser benéfico para o músculo em repouso, mas não para os músculos ativos.

> O argumento apresentado por Kristensen e colaboradores (12)... não é válido, porque se baseia em observações feitas com todos os músculos sóleos isolados que foram estimulados a uma taxa tão elevada que > 60%

10. Baixa ingestão de micronutrientes pode acelerar doenças degenerativas do envelhecimento pela alocação de escassez de micronutrientes pela triagem. (N.T.)

da preparação que teria se tornado rapidamente anóxica por completo (4). . . . Além disso, não há razão para esperar que fosse vantajosa a adição de mais H+ ao que já está sendo gerado pela atividade muscular de alguma forma. É mais ou menos como se abrisse o carburador de um carro para deixar entrar ar demais ou jogar gasolina sobre o motor e, em seguida, concluir que o ar e gasolina causam danos ao desempenho do motor.

G. D. Lamb e D. G. Stephenson, "Point: Lactic acid Accumulation is an advantage during muscle activity"[11], *Journal of Applied Physiology*, 2006

Lamb e Stephenson trazem detalhes experimentais para apoiar sua discordância com Kristensen e colegas. Primeiro, eles criticam a metodologia, argumentando que a alta taxa de estimulação muscular usada por Kristensen e colegas gerou níveis muito baixos de oxigênio (anoxia). Também criticam a lógica do projeto experimental, argumentando que a adição de mais ácido (H +) para um músculo que já está produzindo não é informativo. Vale notar como eles convencem com seu argumento, comparando a metodologia de Kristensen e colegas com a inundação de um motor com ar ou gasolina. Mesmo na escrita científica técnica, não é necessário deixar de lado sua própria voz.

Ao considerar o trabalho de outros, observe os exemplos em que o projeto experimental e a metodologia deixam de testar adequadamente uma hipótese.

- O trabalho de Y e Z parece mostrar que ___________, mas seu projeto experimental não controla ___________.

Além disso, considere a possibilidade de que os resultados não levam a conclusões fixas.

- Embora X e Y aleguem que ___________, sua conclusão de ___________, de fato, mostra que ___________.

---

11. Ponto: Acúmulo de ácido láctico é uma vantagem durante a atividade muscular. (N.T.)

Sim, mas...

A ciência tende a evoluir de forma gradativa. Uma nova pesquisa pode refinar ou ampliar pesquisas anteriores, mas muitas vezes não a derruba completamente. Por essa razão, os escritores da área de ciências concordam até certo ponto, depois expressam alguma discordância. No seguinte exemplo de um comentário sobre os métodos para avaliar como as proteínas interagem, os autores reconhecem o valor de dois estudos híbridos, mas eles também apontam suas deficiências.

> Os dois estudos híbridos que produziram o mapa da interação proteica para *D. melanogaster* (12) fornecem uma visão valiosa do genoma amplo de interações proteicas, mas apresenta uma série de lacunas (13). Mesmo se as interações proteína-proteína foram determinadas com alta precisão, a rede resultante ainda exigiria a interpretação cuidadosa para extrair seu significado biológico subjacente. Especificamente, o mapa é uma representação de todas as interações possíveis, mas seria de esperar que alguma fração fosse funcionar a qualquer momento.
>
> J. J. Rica, A. Kershenbaum e G. Stolovitzky, "Lasting impressions: Motifs in protein-protein maps may provide footprints of evolutionary events"[12], *Anais da Academia Nacional de Ciências de 2005*

Delinear as fronteiras ou limitações de um estudo é uma boa maneira de concordar até certo ponto. Aqui estão alguns modelos para delineá-las.

- Embora a pesquisa de X demonstre claramente ____________, ____________ será necessário antes de podermos determinar se ____________.
- Apesar de Y e Z apresentarem provas concretas sobre ____________, os dados não podem ser utilizados para argumentar que ____________.

12. Impressões duradouras: Motivos em mapas de proteína-proteína podem fornecer indícios dos eventos evolutivos. (N.T.)

- Em resumo, nossos estudos mostram ___________, mas a questão de ___________ continua sem solução.

Antecipe objeções

O ceticismo é um ingrediente importante no processo científico. Antes de uma explicação científica ser aceita, os cientistas exigem evidências convincentes e avaliam se as explicações alternativas têm sido amplamente exploradas, por isso é essencial que os cientistas considerem possíveis objeções às suas ideias antes de apresentá-las. No exemplo a seguir, retirado de um livro sobre a origem do universo, Tyson e Goldsmith primeiro admitem que algumas podem duvidar da existência da mal compreendida "matéria escura" que os físicos têm proposto e, em seguida, eles continuam a responder aos céticos.

> Os céticos inexoráveis podem comparar a matéria escura de hoje com o "éter" hipotético, já extinto, proposto há séculos como o meio leve, transparente através do qual a luz se deslocava... Mas a ignorância da matéria escura difere fundamentalmente da ignorância do éter. Embora o éter correspondesse a um espaço reservado para nossa compreensão incompleta, a existência de matéria escura não deriva de mera presunção, mas a partir dos efeitos observados da gravidade sobre a matéria visível.
>
> N. D. Tyson e D. Goldsmith, *Origins: Fourteen billion years of cosmic evolution*[13], 2004

Antecipar objeções em sua própria escrita contribuirá para esclarecer as critícas potenciais e responder a elas. Considere as objeções a sua abordagem global, bem como os aspectos específicos de suas interpretações. Aqui estão alguns modelos.

13. Origens: Catorze bilhões de anos de evolução cósmica. (N.T.)

- Os cientistas que adotam um método (reducionista / bioquímico / integrador / computacional / estatística) podem ver os resultados de forma diferente.
- Esta interpretação dos dados pode ser criticada por X, que afirmou que ____________.
- Alguns podem argumentar que este projeto experimental não considera ____________.

Diga por que é importante

Embora os estudos individuais possam ser muito específicos, a ciência, em última análise, procura responder a grandes perguntas e produzir tecnologias úteis. Portanto, é essencial, quando você dialogar, dizer por que o trabalho científico e seus argumentos são importantes. O trecho a seguir, retirado de um comentário sobre um artigo científico, observa duas implicações do trabalho que avaliou a forma dos orbitais do elétron.

> A forma do livro clássico de orbitais de elétrons já foi observada diretamente. Bem como confirmar a teoria estabelecida, este trabalho pode ser um primeiro passo para a compreensão da supercondutividade de alta temperatura.
>
> C. J. Humphreys, "Electrons seen in orbit"[14], *Nature*, 1999

Humphreys afirma que o estudo confirma uma teoria estabelecida e que pode levar a uma melhor compreensão em outra área. Quando se pensa na grande importância de um estudo, considerem-se as aplicações práticas e o impacto sobre o trabalho científico futuro.

14. Elétrons vistos em órbita. (N.T.)

- Estes resultados abrem a porta para estudos que ___________.
- As metodologias desenvolvidas por X serão úteis para ___________.
- Nossos achados são o primeiro passo em direção à ___________.
- Novas pesquisas nesta área podem levar ao desenvolvimento de ___________.

LER COMO UMA FORMA DE DIÁLOGO CIENTÍFICO

Na ciência, como em outras disciplinas, muitas vezes você começará com o trabalho realizado por outros e, portanto, é necessário avaliar criticamente os trabalhos deles. Para esse fim, é preciso sondar o quanto os dados apoiam as interpretações deles. Se o fizer, isso o levará a suas próprias interpretações, seu passaporte para um diálogo científico contínuo. Aqui estão algumas perguntas que o ajudarão a ler a pesquisa científica e a responder a ela.

Em que medida os métodos testam bem a hipótese?

- O tamanho da amostra é adequado?
- O projeto experimental é válido?
  Foram realizados os controles adequados?
- Quais são as limitações da metodologia?
- Há outras técnicas disponíveis?

Em que medida os resultados foram interpretados com clareza?

- Em que medida os resultados suportam bem a conclusão fixa?
- A variabilidade dos dados foi adequadamente considerada?

- Outros achados verificam (ou contradizem) a conclusão?
- Quais outros experimentos poderiam testar a conclusão?

Quais são as implicações mais amplas da pesquisa?
Por que é importante?

- Os resultados podem ser generalizados para além do sistema que foi estudado?
- Quais são as implicações práticas da pesquisa?
- Que perguntas surgem da pesquisa?
- Que experimentos devem ser realizados a seguir?

Os exemplos neste capítulo mostram que os cientistas fazem mais do que simplesmente coletar fatos, pois eles também interpretam esses fatos e formulam argumentos sobre seu significado. Nas fronteiras da ciência, onde estamos investigando questões que apenas vão para além da nossa capacidade de resposta, os dados são inevitavelmente incompletos e é de se esperar que haja controvérsia. Escrever sobre ciência apresenta a oportunidade de acrescentar seus próprios argumentos para o debate permanente.

CATORZE
"ANALISE ISTO"

Escrever na área de ciências sociais

ERIN ACKERMAN

AS CIÊNCIAS SOCIAIS são o estudo sobre pessoas, como elas se comportam e se relacionam entre si e as organizações e instituições que facilitam essas interações. As pessoas são complicadas, portanto qualquer estudo do comportamento humano é, na melhor das hipóteses, parcial, levando em conta o que as pessoas fazem e por quê, mas nem sempre explicando essas ações de forma definitiva. Como resultado, temos constante diálogo e argumentação.

Considere alguns dos temas estudados nas ciências sociais: as leis sobre salário-mínimo, a violência contra as mulheres, a regulamentação do tabaco, a eleição de 2000, a discriminação no emprego. Você tem uma opinião sobre qualquer um desses temas? Você não está sozinho. Mas, no texto que você faz como estudante de ciências sociais, é necessário escrever mais do que apenas suas opiniões.

A boa escrita em ciências sociais, como em outras disciplinas acadêmicas, requer que você demonstre que pensou sobre o que é que você pensa.

ERIN ACKERMAN é professora de ciência política na John Jay College, City University de Nova York. Sua pesquisa e interesses de ensino incluem direito americano e direito constitucional comparado, as mulheres e o direito, o direito e a política de saúde reprodutiva, a política biomédica e o desenvolvimento político americano.

A melhor maneira de fazer isso é trazer suas opiniões para o diálogo com aqueles indicados por outras pessoas e testar o que os outros pensam, o que é diferente de uma revisão dos dados. Em outras palavras, será necessário começar com o que os outros dizem e, em seguida, apresentar o que você diz como resposta.

Considere o seguinte exemplo retirado de um livro sobre a cultura política americana contemporânea:

> As legações da profunda divisão nacional eram algo padrão após as eleições de 2000 e, ao que sabíamos, poucos comentaristas as contestaram publicamente... Em suma, os observadores contemporâneos da política americana, aparentemente, chegaram a um novo consenso em torno da proposição de que as divergências antigas sobre a economia agora perdem importância em comparação com novas divisões com base em sexualidade, moralidade e religião, divisões tão profundas como para justificar os temores de violência e falar de guerra ao descrevê-las.
>
> Este pequeno livro defende uma tese contrária: os sentimentos expressos nas declarações citadas anteriormente de acadêmicos, jornalistas e políticos vão do simples exagero à pura bobagem... Muitos dos ativistas dos partidos políticos e vários grupos de causa realmente, de fato, se odeiam e se consideram como combatentes em uma guerra. Mas seus ódios e suas batalhas não são partilhados pela grande massa do povo americano...
>
> Morris P. Florina, *Culture war? The myth of a polarized America*[1], 2004

Em outras palavras, "eles" (jornalistas, especialistas, outros cientistas políticos) dizem que o público americano está profundamente dividido, enquanto Fiorina afirma que interpretaram mal as evidências, sobretudo, que têm generalizadas de alguns casos excepcionais (ativistas). Até mesmo o título do livro põe em dúvida uma ideia mantida por outrem, uma que Fiorina rotula de um "mito".

1. Cultura da guerra? O mito dos EUA polarizados. (N.T.)

Este capítulo explora alguns dos movimentos básicos que os escritores da área de ciências sociais utilizam. Além disso, a escrita no campo das ciências sociais, em geral, inclui vários componentes centrais: uma introdução e tese fortes, uma revisão da literatura e análise do próprio escritor, incluindo a apresentação de dados e análise de implicações. Grande parte da sua própria escrita incluirá um ou mais desses componentes também. A introdução estabelece a tese ou o argumento do estudo, explicando brevemente o que será elucidado no seu texto e como ele ou ela se encaixam no diálogo preexistente. A revisão da literatura resume o que já foi dito sobre o tópico. Sua análise permite apresentar dados – as informações sobre comportamento humano que você está medindo e testando em comparação ao que as pessoas disseram – e explicar as conclusões obtidas com base em sua pesquisa. Você concorda, discorda, ou alguma combinação dos dois, em relação ao que foi dito por outros? Que razões você pode dar do porquê se sente dessa forma? E daí? Quem deve estar interessado no que você tem a dizer e por quê?

A INTRODUÇÃO E A TESE: "ESTE ESTUDO CONTESTA..."

Sua introdução define o que você planeja dizer em seu texto. Você pode avaliar o trabalho dos estudiosos anteriores ou certos pressupostos amplamente difundidos e considerá-los incorretos, quando medido em comparação com os novos dados. Como alternativa, você pode indicar que o trabalho de um autor está em grande parte correto, mas que poderia usar algumas qualificações ou ser ampliado, de alguma forma. Ou pode identificar uma lacuna no nosso conhecimento, sabemos muito sobre o assunto X, mas quase nada sobre algum outro assunto intimamente relacionado. Em cada um desses casos, sua introdução deve abranger as perspectivas "Na opinião deles" e "Em minha opinião". Se parar após o "Na opinião deles", seus leitores não saberão o que você está trazendo para o diálogo. Da mesma forma, se pular direto para o "Em minha opinião", o leitor poderá se perguntar por que você inferiu aquela posição.

Às vezes, você participa do diálogo em um ponto onde a discussão parece resolvida. Um ou mais pontos de vista sobre um tema se tornam tão amplamente aceitos entre um grupo de estudiosos ou da sociedade, em geral, que essas opiniões são essencialmente a forma convencional de pensar sobre o assunto. Você pode querer apresentar novas razões para apoiar essa interpretação, ou querer colocar em dúvida esses pontos de vista padrão. Para isso, deve primeiro introduzir e identificar as hipóteses amplamente difundidas e então apresentar seu próprio ponto de vista. Na verdade, muito da escrita nas ciências sociais assume a forma de questionamento. Considere o seguinte exemplo de um artigo de 2001 do *The journal of economics perspectives*:

> Milton Friedman, em 1957, no tratado sobre *A teoria da função do consumo,* parecia estar mal datado. A teoria de otimização dinâmica não havia sido muito empregada na economia, quando Friedman escreveu, e a teoria da utilidade era ainda relativamente primitiva, assim, sua declaração sobre a "hipótese da renda permanente" nunca realmente definiu um modelo matemático formal do comportamento explicitamente derivado da maximização da utilidade... Quando outros economistas posteriormente criaram modelos de maximização de múltiplos períodos, que poderiam ser resolvidos de forma explícita, as implicações desses modelos diferiam nitidamente da descrição intuitiva de Friedman de seu "modelo". Ademais, os testes empíricos na década de 1970 e 1980, com frequência, rejeitavam estas versões rigorosas da hipótese da renda permanente em favor de uma hipótese alternativa de que muitas famílias gastavam toda a sua renda atual.
>
> Hoje, com o benefício de uma nova onda de avanços na área da matemática (e computação), a análise original de Friedman (1957) parece mais visionária que primitiva...
>
> Christopher D. Carroll, "A theory of consumption function, with and without liquidity constraints"[2], *The journal of economic perspectives*, 2001

2. A teoria da função do consumo, com ou sem restrições de liquidez. (N.T.)

Essa introdução deixa claro que Carroll defenderá Milton Friedman contra algumas críticas mais importantes de sua obra. Carroll menciona o que tem sido dito sobre o trabalho de Friedman e, então, continua a dizer que as críticas acabam sendo erradas e sugerem que o trabalho de Friedman ressurge como persuasivo. Um modelo de introdução de Carroll poderia ser algo assim:

A pesquisa na economia nos últimos quinze anos sugeriu que o tratado de Friedman de 1957 era __________, porque __________. Em outras palavras, eles dizem que o trabalho de Friedman não é exato por causa __________, __________ e __________. Pesquisas recentes me convencem, porém, de que o trabalho de Friedman faz sentido.

Em alguns casos, no entanto, pode não haver um forte consenso entre especialistas sobre um tema. Você pode entrar no debate em curso, votando num lado ou no outro ou apresentando um ponto de vista alternativo. No exemplo a seguir, Shari Berman identifica dois relatos concorrentes sobre como explicar os acontecimentos mundiais no século 20 e, então, apresenta um terceiro ponto de vista.

> O senso comum sobre ideologias do século 20 se apoia em duas narrativas simples. Uma centra-se na luta pela predominância entre a democracia e suas alternativas... A outra na competição entre o capitalismo de mercado livre e seus concorrentes... Essas duas narrativas, obviamente, contêm alguma verdade... No entanto, só contam parte da história, razão pela qual sua conclusão comum – neoliberalismo como o "fim da História" – é insatisfatória e enganosa.
>
> O que as duas narrativas convencionais deixam de mencionar é que uma luta de terceiros também foi acontecendo: entre as ideologias que acreditavam na primazia da economia e aquelas em que acreditavam na primazia da política.
>
> Shari Berman, "The primacy of economies versus the primacy of politics: understanding the ideological dynamics of the twentieth century"[3], *Perspectives on politics*, 2009

---

3. A primazia das economias e primazia da política: A compreensão da dinâmica ideológica do século 20. (N.T.)

Depois de identificar as duas narrativas concorrentes, Berman sugere um terceiro ponto de vista e depois continua a argumentar que este explica o atual debate sobre globalização. Um modelo para esse tipo de introdução poderia ser algo assim: Em debates recentes sobre __________, um aspecto controverso tem sido __________. Por um lado, alguns alegam que __________. Por outro lado, no entanto, outros afirmam que __________. Nenhum desses argumentos, no entanto, considera o ponto de vista alternativo que __________.

Dada a complexidade de muitas das questões estudadas nas ciências sociais, no entanto, às vezes, você pode concordar com os pontos de vista existentes e discordar deles, apontando o fato de as coisas em que você acredita estarem corretas ou terem mérito, embora discordando ou refinando outros pontos de vista. No exemplo a seguir, a antropóloga Sally Engle Merry concorda com outro estudioso sobre algo que é um traço importante da sociedade moderna, mas argumenta que esse traço tem uma origem diferente da que o outro autor identifica.

Para mais informações sobre formas diferentes de responder, veja o capítulo 4.

> Embora concorde com Rose que a crescente ênfase sobre o controle da alma é característica da sociedade moderna, vejo a transformação não como evolutiva, mas como o produto da mobilização social e luta política.
>
> Sally Engle Merry, "Rights, religion, and community: Approaches to violence against women in the context of globalization"[4], *Law and society review*, 2001

Aqui estão alguns modelos para concordar e discordar:

4. Direitos, religião e communidade: Abordagens para violência contra as mulheres no contexto da globalização. (N.T.)

- Embora eu concorde com X até certo ponto, não posso aceitar sua conclusão geral de que ___________.

- Embora eu discorde de X em ___________, concordo com sua conclusão de que ___________.

- Os cientistas políticos que estudam ___________ têm afirmado que isso é causado por ___________. Embora ___________ contribua para o problema, ___________ também é um fator importante.

No processo de examinar as pessoas de ângulos diferentes, os cientistas sociais, por vezes, identificam as áreas de lacunas que não foram exploradas na pesquisa anterior. Em artigo de 1998 sobre bairros afro-americanos, a socióloga Maria Pattillo identifica essa lacuna.

> A pesquisa sobre afro-americanos é dominada por perguntas sobre a vida dos negros pobres. As etnografias contemporâneas e descrições jornalísticas têm amplamente descrito desvios comportamentais, gangues, drogas, relações intergênero e sexualidade, aspiração frustrada e padrões de família nos bairros pobres (Dash 1989; Hagedorn, 1988; Kotlowitz 1991, Lemann 1991; MacLeoad 1995, Sullivan, 1989; Williams, 1989). No entanto, a maioria dos afro-americanos não é pobre (Billingsley, 1992). Uma parte significativa da experiência negra, ou seja, aquela relacionada ao trabalho e aos negros de classe média, permanece inexplorada. Temos poucas informações sobre como são os bairros de classe média negra e como a vida social é organizada dentro deles... este artigo começa a preencher esta lacuna empírica e teórica com os dados etnográficos coletados em Groveland, um bairro de classe média negra em Chicago.
>
> Mary E. Pattillo, "Sweet mothers and gangbangers: Managing crime in a black middle-class neighborhood"[5], *Social forces*, 1998

5. Mães amáveis e membros das gangues: A gestão do crime em um bairro de classe média negra. (N.T.)

Pattillo explica que muito se tem dito sobre os bairros pobres afro-americanos. Entretanto, segundo ela, temos poucas informações sobre a experiência dos bairros negros de classe trabalhadora e classe média, uma lacuna que o artigo abordará.

Aqui estão alguns modelos para indicar lacunas na pesquisa existente:

- Os estudos de X indicaram ___________. Não está claro, no entanto, que esta conclusão se aplica a ___________.
- ___________ com frequência acha(m) normal que ___________. Contudo, poucos já investigaram essa hipótese.
- O trabalho de X nos diz muito sobre ___________. Esse trabalho pode ser generalizado para ___________.

Novamente, uma boa introdução indica que você tem a dizer no contexto mais amplo do que outros já disseram. Durante o resto do seu artigo, será necessário ir de lá e para cá entre o "Na opinião deles" e "Em minha opinião", acrescentando mais detalhes.

A REVISÃO DA LITERATURA: "A PESQUISA ANTERIOR INDICA..."

Na revisão da literatura, você explica "Na opinião deles" com mais detalhes, resumindo, parafraseando ou citando os pontos de vista aos quais você está respondendo. É necessário, porém, equilibrar o que estão dizendo, com seu próprio foco. É preciso caracterizar o estudo de outrem de forma justa e com precisão, mas definir os argumentos que se quer expor, selecionando as informações que são relevantes para sua própria perspectiva e observações.

É comum nas ciências sociais resumir vários argumentos ao mesmo tempo, identificando os principais argumentos ou conclusões em um único parágrafo.

> Como os empregados em um mercado de trabalho com baixos salários respondem a um aumento do salário-mínimo?A previsão da teoria econômica convencional é sem ambiguidade: um aumento no salário-mínimo leva os empregadores, bastante competitivos, a reduzir o emprego (George J. Stigler, 1946). Embora os estudos na década de 70, com base em taxas agregadas de empregos de adolescentes geralmente confirmassem esta previsão, estudos anteriores com base em comparações de emprego em estabelecimentos afetados e não afetados, muitas vezes, não confirmaram (por exemplo, Richard A. Lester, 1960, 1964). Vários estudos recentes que contam com uma metodologia comparativa semelhante não conseguiram detectar um efeito negativo do emprego devido ao salário-mínimo maior. As análises dos aumentos de 1990-1991 no salário-mínimo federal (Lawrence F. Katz e Krueger, 1992; Card, 1992a) e de um aumento antecipado do salário-mínimo na Califórnia (Card, 1992b) não constatam efeitos adversos ao emprego.
>
> David Card e Alan Krueger, "Minimum wages and employment: A case study of the fast-food industry in New Jersey and Pennsylvania"[6], *The American economic review*, 1994.

Card e Krueger citam os principais resultados e conclusões de obras que são relevantes para a questão que estão investigando e o argumento que pretendem abordar, perguntando: "Como os empregadores no mercado de trabalho de baixo salário respondem a um aumento do salário-mínimo?" Prosseguem, como bons escritores devem, para responder à pergunta que fazem. E eles fazem isso analisando outros que responderam a essa questão, salientando que ela tem sido respondida de maneiras diferentes, algumas vezes contraditórias.

Tais sínteses são breves, reunindo argumentos pertinentes por vários estudiosos para fornecer uma visão geral do trabalho acadêmico sobre um tema específico. Ao escrever tal resumo, você precisa perguntar a si mesmo como os próprios autores poderiam descrever

6. Salário-mínimo e emprego: Um estudo de caso da indústria de *fast-food* em Nova Jersey e Pensilvânia. (N.T.)

suas posições e também considerar o que em seu trabalho é relevante para o argumento que deseja defender. Esse tipo de resumo é especialmente recomendado quando se tem uma grande quantidade de material de pesquisa sobre um tema e se quer identificar as grandes vertentes de um debate ou mostrar como o trabalho de um autor se baseia em outro. Aqui estão alguns modelos para resumos de visão geral:

- Ao abordar a questão sobre ____________, os cientistas políticos têm considerado várias explicações para ____________. X argumenta que ____________. De acordo com Y e Z, uma outra explicação plausível é ____________.

- Qual é o efeito de ____________ sobre ____________? Pesquisa anterior sobre ____________ realizada por X e Y e Z apoia ____________.

Algumas vezes você pode precisar dizer mais sobre as pesquisas que você está citando. Em um exame de meio ou fim do semestre, por exemplo, pode ser necessário para demonstrar que você tem uma profunda familiaridade com uma determinada obra. E, em algumas disciplinas das ciências sociais, as revisões de literatura mais longas, mais detalhadas são o padrão. Seu (Sua) orientador(a) e os artigos que ele(a) recomendou são seus melhores guias para a extensão e o nível de detalhe da sua revisão de literatura. Outras vezes, o trabalho de certos autores é especialmente importante para o seu argumento e, portanto, é necessário fornecer mais detalhes para explicar o que esses autores já mencionaram. Veja como Martha Derthick resume o argumento que é fundamental para o livro dela de 2001 sobre a política de regulação do tabaco.

> A ideia de que os governos poderiam mover um processo para recuperar os custos de assistência médica de fabricantes de cigarros poderia estar associado à "Reforma de bem-estar e cigarros", um artigo publicado no *Emory law journal* em 1977 escrito por Donald Gasner, professor

> de Direito na Universidade Sulista de Illinois. Garner sugeriu que os governos estaduais poderiam obrigar um fabricante de cigarros a pagar os custos médicos diretos "para cuidar de pacientes com doenças relacionadas com o tabagismo". Ele traçou uma paralelo entre a Lei de segurança e saúde para minas de carvão de 1969, em que as empresas de minas de carvão são obrigadas a pagar determinados benefícios por incapacidade dos mineiros de carvão que sofrem de pneumoconiose, também chamada de doença do pulmão preto.
>
> Martha Derthick, *Up in smoke: From legislation to litigation in tobacco politics*[7], 2005

Nota-se que Derthick identifica o argumento que está resumindo, citando seu autor diretamente e, em seguida, adicionando detalhes sobre um precedente para o argumento.

Você pode querer incluir citações diretas do que outros já disseram, como faz Derthick. O uso das palavras exatas de um autor contribui para demonstrar que você está representando-o com clareza. Mas você não pode simplesmente inserir uma citação, é necessário explicar a seus leitores o que ela quer dizer em relação a seu argumento. Considere o seguinte exemplo extraído de um livro de ciência política de 2004 sobre o debate da reforma de delito civil.

> A essência da *definição da agenda* foi bem enunciada por E.E. Schattschneider: "Na política, como em tudo mais, faz uma grande diferença, a quem pertence o jogo que jogamos" (1960, 47). "Em suma, a capacidade de definir ou controlar as regras, termos ou opções percebidas num debate sobre política afeta muito as perspectivas de vitória".
>
> William Haltom e Michael Mccann, *Distorting the law: Policies, media, and litigation crisis*[8], 2004

7. Destruído pelo fumo: Da legislação ao processo judicial na política de tabaco. (N.T.)
8. A distorção da lei: Políticas, mídia e crise do contencioso. (N.T.)

Observo como Haltom e McCann primeiro citam Schattschneider e depois explicam em suas próprias palavras como a definição da agenda política pode ser pensada como um jogo, com vencedores e perdedores.

Lembre-se de que sempre que você resumir, citar ou parafrasear o trabalho dos outros, deve-se dar crédito na forma de uma citação à obra original. As palavras podem ser suas, mas se a ideia vem de alguém, deve-se dar crédito ao trabalho original. Há vários formatos para documentar as fontes. Consulte seu (sua) orientador(a) para ajudar a escolher qual estilo de citação deve ser usado.

A ANÁLISE

A revisão da literatura abrange o que outros já disseram sobre o próprio assunto. A análise permite que você apresente e apoie sua própria resposta. Na introdução, você indica se concorda, discorda ou alguma combinação dos dois em relação ao que outros já disseram. Você vai querer expandir sobre como formou sua opinião e por que os outros devem dar atenção a seu tópico.

"Os dados indicam..."

As ciências sociais utilizam dados para desenvolver e testar explicações. Os dados podem ser quantitativos ou qualitativos e podem vir de várias fontes. Você pode usar as estatísticas relacionadas com o crescimento do PIB, desemprego, número de votos ou demografia. Ou pode utilizar estudos, entrevistas ou outros relatos em primeira pessoa.

Independentemente do tipo de dados utilizados, é importante fazer três coisas: definir os dados, indicar onde se obteve os dados e, em seguida, explicar o que fez com eles. Em um artigo de 2005, publicado numa revista científica, o cientista político Joshua C. Wilson analisa um processo judicial sobre os protestos em uma clínica de aborto e pergunta se cada lado do conflito age de uma maneira compatível com suas opiniões gerais sobre a liberdade de expressão.

> Este artigo se baseia em leituras atentas de entrevistas semiestruturadas em primeira pessoa com os participantes envolvidos no litígio real, que foi o caso dos Williams.
>
> Treze entrevistas que duram entre 40 minutos a 1 hora e 50 minutos foram realizadas para este artigo. Dos entrevistados, todos seriam considerados "da elite" em função da pesquisa de atitude psicologia política/política – seis eram membros ativos de Solano Citizens for Life..., dois eram membros da gestão do Planned Parenthood Shasta-Diablo; um era o advogado que obteve a ordem judicial, liminar e liminar permanente de planejamento familiar; um era o advogado para o período processo da Solano Citizens for Life; dois eram advogados da Planned Parenthood em sede de recurso; e um era o juiz da Suprema Corte que ouviu os argumentos e, finalmente, elaborou a ordem judicial e as medidas inibitórias contra Solano Citizens for Life. No decorrer das entrevistas, os participantes foram perguntados a respeito de uma série de questões sobre suas experiências e opiniões em relação ao caso Williams, bem como suas crenças sobre a interpretação e os limites do direito da Primeira Emenda à livre expressão, tanto em geral, quanto em relação ao caso Williams.
>
> Joshua C. Wilson, "When rights collide: Anti-abortion protests and the ideological dilemma" in *Planned parenthood Shasta-Diablo*[9], *Inc. v. Williams*, *Studies in law, politics, and society*, 2005

Wilson identifica e descreve os dados qualitativos – entrevistas realizadas com as partes principais do conflito – e explica a natureza das perguntas que ele fez.

Se os dados forem quantitativos, será necessário explicá-los de forma semelhante. Veja como o cientista político Brian Arbour explica os dados quantitativos que usou para estudar um artigo de 2009 em *The Forum* sobre como uma mudança de regras pode ter afetado o resultado do pleito de 2008 nas primárias democratas entre Hillary Clinton e Barack Obama.

9. Quando os direitos colidem: Protestos antiaborto e dilema ideológicos na Planned Parenthood Shasta-Diablo. (N.T.)

> Avalio essas cinco preocupações sobre o sistema democrático de atribuição de delegado "realizando de novo" o pleito de Obama-Clinton com um conjunto diferente de regras de atribuição, aqueles vigentes para pleito presidencial republicano de 2008... Os republicanos permitem que cada estado faça suas próprias regras, levando a "uma multiplicidade de planos de seleção" (Shapiro & Bello, 2008, 5)... Para "realizar novamente" a primária democrática, de acordo com as regras republicanas, eu preciso de dados sobre os resultados das primárias democráticas para cada estado e distrito congressional e sobre as regras de atribuição de delegados republicanos de cada estado. O Green Papers (www), um *site* que serve como um calendário anual dos procedimentos eleitorais, regras e resultados, fornece cada uma dessas fontes de dados. Ao "realizar novamente" as primárias democráticas e convenções de partidos políticos, eu uso os resultados exatos de cada pleito.
>
> Brian Arbour, "Even closer, even longer: What if the 2008 democratic primary used republican rules?"[10], *The forum*, 2009

Observe que Arbour identifica os dados como os resultados das votações primárias e as regras das primárias republicanas. No resto do artigo, Arbour mostra como seu uso desses dados sugere que os comentaristas políticos que achavam que as regras republicanas teriam esclarecido a corrida acirrada entre Clinton e Obama estavam erradas, e a corrida presidencial teria sido "ainda mais acirrada, ainda mais longa".

Aqui estão alguns modelos para discussão de dados:

- Para testar a hipótese de que ___________, avaliamos ___________. Nossos cálculos sugerem ___________.

- Utilizei ___________ para investigar ___________. Os resultados dessa investigação indicam ___________.

10. Ainda mais acirrada, ainda mais longa: E se a primária democrática de 2008 utilizasse as regras republicanas? (N.T.)

"Mas os outros podem se opor..."

Não importa o quanto seus dados sustentam seu argumento, há quase certamente outras perspectivas (e, portanto, outros dados) que você precisa reconhecer. Ao considerar possíveis objeções a seu argumento e levá-las a sério, você demonstra que fez seu trabalho e que está ciente de outras perspectivas e, mais importante, apresenta seu próprio argumento como parte de um diálogo permanente.

Veja como o economista Christopher Carroll admite que pode haver objeções a seus argumentos sobre como as pessoas alocam sua renda entre consumo e poupança.

> Argumentei aqui que a versão moderna do modo de consumo de otimização dinâmica é capaz de combinar muitas das características importantes dos dados empíricos sobre o consumo e os comportamentos sobre poupança. Há, no entanto, várias outras razões para o desconforto com o modelo.
>
> Christopher D. Carroll, "A theory of consumption function, with and without liquidity constraints"[11], *The journal of economic perspectives*, 2001

Carroll, em seguida, passa a identificar as possíveis limitações de sua análise matemática.

Alguém pode objetar dizendo que existem fenômenos relacionados que sua análise não explica ou que você não tem os dados corretos para investigar uma questão particular. Ou talvez alguém pode se opor a pressupostos subjacentes a seu argumento ou sobre a forma como você tratou seus dados. Aqui estão alguns modelos para argumentos negativos:

- ____________ pode se opor a que ____________.

11. A teoria da função do consumo, com ou sem restrições de liquidez. (N.T.)

- Meu argumento é realista? Aleguei que ____________, mas os leitores podem questionar ____________.

- Minha explicação dá conta de ____________, mas não explica ____________. Isso é porque ____________.

"Por que devemos nos preocupar?"

Quem deve se preocupar com sua pesquisa e por quê? Como as ciências sociais tentam explicar o comportamento humano, é importante considerar como sua pesquisa afeta as hipóteses que aventamos sobre o comportamento humano. Além disto, você pode oferecer recomendações de como outros cientistas sociais poderiam continuar a explorar um problema ou que ações os políticos devem tomar ações.

No exemplo a seguir, a socióloga Devah Pager identifica as implicações de seu estudo de como o fato de ter antecedentes criminais afeta uma pessoa ao buscar emprego.

> Em termos das implicações políticas, esta pesquisa tem conclusões preocupantes. Em nosso afã de trancar as pessoas, nossas políticas de "controle de crime" podem, de fato, agravar as próprias condições que levam ao crime, em primeiro lugar. Pesquisas mostram de forma coerente que encontrar emprego estável de qualidade é uma dos mais estranhos indicadores de desistência do crime (Shover 1996; Sampson e Laub 1993; Uggen 2000). O fato de um registro criminal limitar bastante as oportunidades de emprego, sobretudo entre os negros, sugere que estes indivíduos ficam com poucas alternativas viáveis.
>
> Devah Pager, "The mark of a criminal record"[12],
> *The American journal of sociology*, 2003

12. A marca dos antecedentes criminais. (N.T.)

A conclusão de Pager de que os antecedentes criminais afetam negativamente as possibilidades de emprego criam um círculo vicioso. Segundo ela, o emprego estável desencoraja a reincidência, mas os antecedentes criminais tornam mais difícil conseguir um emprego.

Ao responder à pergunta "para quê?", é necessário explicar por que seus leitores devem se preocupar. Embora, às vezes, as implicações de seu trabalho possam ser tão amplas que seria de interesse para quase todo mundo, nunca é uma má ideia identificar explicitamente qualquer grupo de pessoas que consideram seu trabalho importante.

Modelos para estabelecer por que o assunto é importante:

- X é importante porque ___________.
- Enfim, o que está em jogo aqui é ___________.
- Esta conclusão de que ___________ deve ser de interesse para ___________, pois ___________.

Conforme observado no início deste capítulo, a complexidade das pessoas nos permite olhar para seu comportamento a partir de muitos pontos de vista diferentes. Muito já foi mencionado e será dito sobre como e por que as pessoas fazem coisas que fazem. Como resultado, podemos olhar para a escrita nas ciências sociais como um diálogo.

Quando você participa do diálogo, a estrutura "Na opinião deles/Em minha opinião" ajuda a descobrir o que já foi dito (Na opinião deles) e o que você pode acrescentar (em minha opinião). Os componentes da escrita da ciência social, apresentados neste capítulo, são ferramentas para contribuir para sua participação desse diálogo.

LEITURAS

Não ponha culpa no consumidor

DAVID ZINCZENKO[1]

SE ALGUMA VEZ HOUVE uma manchete de jornal feita sob medida para o monólogo do Jay Leno, esta foi a primeira. As crianças que comem McDonald's estão processando esta semana a empresa por engordá-las. Este fato não é semelhante a homens de meia-idade que estão processando a Porsche por fazerem com que eles sejam multados? O que aconteceu com a responsabilidade pessoal?

No entanto, tenho a tendência de simpatizar com esses clientes corpulentos que consomem *fast-food*. Talvez seja porque eu costumava ser um deles.

Cresci como um típico garoto que ficava em casa sozinho, sem meus pais, em meados de 1980. Eles eram separados, meu pai ficava fora tentando reconstruir a vida dele, minha mãe, trabalhando longas horas para pagar as contas do mês. O almoço e o jantar, para mim, eram uma escolha diária entre o McDonald's, Taco Bell, KFC ou Pizza Hut. Então, como agora, estas eram as únicas opções disponíveis para um garoto americano obter uma refeição a preços acessíveis. Aos 15, eu

DAVID ZINCZENKO é o editor-chefe da *Men's Health*, uma revista mensal voltada para *fitness*. Este artigo foi publicado, pela primeira vez, na página de editoriais do *The New York Times* em 23 de novembro de 2002.

1. David Zinczento, *Don't blame the eater*. Copyright The New York Times News Service / Syndicate.

já havia engordado uns 5 quilos de gordura apática durante a adolescência, com meu corpo magricela de 1,77metro.

Naquela época, eu era muito sortudo. Cursei a faculdade, entrei para a Reserva da Marinha e me envolvi com uma revista de saúde. Aprendi a cuidar da minha dieta. Mas a maioria dos adolescentes que vive, como eu vivia, em uma dieta de *fast-food* não vai mudar suas vidas: Eles cruzaram os arcos de ouro para ter um destino possível: obesidade para vida inteira. E o problema não é só deles, é todo nosso.

Para obter dicas de dizer por que é importante, consulte o capítulo 7.

Antes de 1994, o diabetes em crianças era geralmente causada por uma distúrbio genético – somente cerca de 5% dos casos na infância eram relacionados à obesidade ou diabetes tipo 2. Hoje, de acordo com o Instituto Nacional de Saúde, o diabetes tipo 2 é responsável por pelo menos 30% de todos os novos casos de diabetes infantil nos EUA.

Não é de estranhar, a quantidade de dinheiro gasto no tratamento da diabetes disparou também. Os Centros de Controle de Doença e Prevenção estimam que o diabetes foi responsável por US$ 2,6 bilhões de dólares em despesas médicas em 1969. Em cifras de hoje, é uma quantia inacreditável de US$ 100 bilhões de dólares por ano.

Não deveríamos saber que comer duas refeições por dia em restaurantes *fast-food* faz mal? Esse é um argumento. Mas, onde, exatamente, os consumidores, sobretudo adolescentes, deveriam encontrar alternativas? Dirija em qualquer via nos EUA, e eu garanto que você verá um dos nossos mais de 13 mil restaurantes McDonald's. Agora, dê a volta no quarteirão e tente encontrar algum lugar para comprar uma toranja.

Para complicar a falta de alternativas, existe a falta de informações sobre o que, exatamente, estamos consumindo. Não há tabelas com informações sobre calorias nas embalagens de *fast-food*, a forma como existem nos produtos do supermercado. As propagandas não trazem etiquetas de advertências como nos anúncios de cigarro. Os alimentos preparados não são cobertos pelas leis de rótulos da Food and Drug Administration nos EUA. Alguns fornecedores de *fast-food* fornecerão informações sobre calorias mediante solicitação, mas mesmo assim pode ser difícil de entender.

Por exemplo, um *site* da empresa lista a salada de frango, contendo 150 calorias. As amêndoas e macarrão que vêm com ela (um adicional de 190 calorias) são apresentados separadamente. Adicione uma porção de molho de 280 calorias, e você tem uma alternativa de almoço saudável que vem a 620 calorias. Mas isso não é tudo. Leia as letras pequenas na parte de trás do sachê de molho e você vai perceber que realmente contém 2,5 porções. Se você derramar o que lhe foi servido, você está em torno de 1.040 calorias, que é a metade do consumo calórico diário recomendado pelo governo. E isso não leva em conta que a Coca-cola gigante tem 450 calorias.

Divirta-se se você for um desses garotos que vai abrir um processo contra a indústria de *fast-food*, mas não se surpreenda se você é a próxima parte autora. Tal como acontece com a indústria do tabaco, pode ser apenas uma questão de tempo antes que os governos estaduais comecem a ver uma relação entre US$ 1 bilhão de dólares que o McDonald's e Burger King gastam anualmente com publicidade e suas próprias despesas médicas inchadas.

E eu diria que essa indústria é vulnerável. As empresas de *fast-food* estão vendendo para crianças um produto com riscos para a saúde comprovados e sem rótulos de advertência. Eles fariam bem em proteger a eles próprios e a seus clientes, fornecendo as informações nutricionais de que pessoas necessitam para fazerem escolhas informadas sobre seus produtos. Sem essas advertências, veremos crianças mais doentes, obesas e com mais raiva, pais na justiça. Em minha opinião, aconteça o que tiver que acontecer, a batata está assando.

Intelectualismo oculto

GERALD GRAFF[1]

TODO MUNDO CONHECE ALGUM jovem que é bastante "sagaz na vida da rua", mas vai mal na escola. Que desperdício, em nossa opinião, que alguém que é tão inteligente sobre tantas coisas na vida pareça incapaz de aplicar essa inteligência na vida acadêmica. O que não nos ocorre, porém, é que as escolas e faculdades poderiam ser os culpados por perder a oportunidade de explorar o conhecimento desses garotos e canalizá-lo para uma boa vida acadêmica.

Nem consideremos uma das principais razões pelas quais as escolas e faculdades ignoram o potencial intelectual desse conhecimento adquirido na rua: o fato de que o associamos com preocupações anti-intelectualistas. Relacionamos a formação escolar, a atividade da

GERALD GRAFF, um dos coautores deste livro, é professor de inglês e de educação no Universidade de Illinois, em Chicago. Ele é ex-presidente da Associação de Línguas Modernas, uma associação profissional de acadêmicos e professores de inglês e outras línguas Este texto é adaptado de seu livro publicado em 2003, chamado *Clueless in academe: How schooling obscures the life of the mind**.

1. Gerald Graff, "Hidden intelectualim", *Clueless in academe: How shooling obscure the life of mind.*

* Ignorante no mundo acadêmico: Como a escolarização obscurece a atividade da mente. (N.T.)

mente, de forma restritiva e exclusiva aos assuntos e textos que consideramos inerentemente importantes e acadêmicos.

Assumimos que é possível chamar Platão, Shakespeare, a Revolução Francesa e fissão nuclear de assuntos intelectuais, mas não conhecimento sobre carros, namoro, moda, esportes, TV ou *video games*.

O problema com esse pressuposto é que não há relação necessária que já foi estabelecida entre qualquer texto ou tema e a profundidade de ensino e peso da discussão que pode gerar. Os intelectuais reais transformam qualquer assunto, por mais leve que possa parecer, em algo palpável para discussão que trazem em relação às questões pensadas, enquanto um estúpido encontrará uma maneira de tirar o interesse dos assuntos mais ricos. É por isso que George Orwell, ao escrever sobre os significados culturais de *penny postards*[2], é infinitamente mais substancial do que as cogitações de muitos professores de Shakespeare ou globalização (104-16).

Veja p. 58-62 para obter dicas sobre discordar, com argumentos.

Os alunos precisam ler modelos de textos intelectualmente desafiadores – e Orwell é excelente –, se eles se tornarem os próprios intelectuais. Mas eles seriam mais propensos a assumir identidades intelectuais se fossem encorajados a fazê-lo, em primeiro lugar, sobre assuntos que lhes interessam e não os que nos interessam.

Vou citar minha própria experiência de adolescente como exemplo em questão. Até entrar na faculdade, odiava livros e só queria saber de esportes. A única leitura pela qual me interessava eram revistas de esportes, nas quais eu me tornei viciado, tornando-me um leitor assíduo da revista *Sport*, no fim dos anos de 1940, a *Sports Illustrated*, quando começou a ser publicada em 1954 e os guias anuais da revista de beisebol, futebol americano e basquete profissional. Também adorava os romances de esportes para meninos escritos por John R. Tunis e Clair

2. Selos vendidos como suvernirs. (N.T.)

Bee e autobiografias de estrelas do esporte como *Lucky to be a Yankee* de DiMaggio e *Strikeout story* de Bob Feller. Em suma, eu era um típico adolescente anti-intelectualista ou então acreditava nisso há muito tempo. Cheguei recentemente a pensar, no entanto, que minha preferência por esportes à vida escolar não era mais anti-intelectualismo tanto como intelectualismo por outros meios.

O bairro de Chicago em que cresci se tornou um caldeirão após a Segunda Guerra Mundial, nosso quarteirão era inteiramente de classe média, mas apenas a um quarteirão de distância – sem dúvida era concentrado lá por imobiliárias – havia afro-americanos, índios americanos e "caipiras" brancos que haviam fugido recentemente do desemprego do pós-guerra no Sul e nos Apalaches. A negociação dessa fronteira de classes era uma questão delicada. Por um lado, era necessário manter a fronteira entre os garotos "alinhados" como eu e o "pessoal" da classe trabalhadora, como o chamávamos, o que significava que era bom ser aberto e esperto de um modo inteligente. Por outro lado, eu estava desesperado para ser aceito pelo pessoal do bairro negro, que encontrava diariamente no campo de jogos e na vizinhança, e, para esse fim, não foi de todo mau ser estudioso. Esse pessoal se dirigia com raiva se percebesse que alguém estivesse de marra com eles: "Pra quem que tu tá' olhando, sabidão?" disse uma vez um garoto de jaqueta de couro quando ele roubou minha mesada com a minha dignidade.

Cresci com essa ferida, entre a necessidade de provar que eu era esperto e o medo de levar uma surra se eu provasse que era bom demais; entre a necessidade de não comprometer meu futuro respeitável e a necessidade de impressionar o pessoal. À medida que eu vivia isso, o conflito se reduzia a uma escolha entre ser fisicamente forte e ter voz ativa. Para um garoto no meu bairro e na minha escola, só ser "forte" já dá legitimidade total. Ainda me lembro das conversas complicadas, intermináveis, nesse período com meus amigos mais próximos sobre quem era "o cara mais forte na escola". Se você fosse menos do que insignificante como lutador, como eu, se conformava para a próxima melhor coisa, que era ser desarticulado, com cuidado para ocultar indícios de escolarização como a gramática e pronúncia corretas.

De certa forma, então, seria difícil imaginar uma adolescência mais profundamente anti-intelectualista que a minha. Mas, em retrospectiva, vejo que é mais complicado, que eu e os próprios anos de 1950 não éramos simplesmente hostis para com o intelectualismo, mas divididos e ambivalentes. Quando Marilyn Monroe se casou com o dramaturgo Arthur Miller, em 1956, depois de se divorciar da estrela de baseibol aposentada Joe DiMaggio, o triunfo simbólico do *nerd* sobre o atleta sugeriu a forma como o vento estava soprando. Mesmo Elvis, de acordo com seu biógrafo Peter Guralnick, acaba apoiando Adlai contra Ike nas eleições presidenciais de 1956. "Não tenho aspirações intelectuais", disse ele a jornalistas. "Mas te digo uma coisa: ele sabe muito" (327).

Embora eu também não pensasse que eu não "tinha aspirações intelectuais", percebo agora que eu estava inconscientemente treinando para isso. Os germes, na verdade, tinham sido plantados nas conversas aparentemente inúteis sobre quais garotos eram os mais fortes. Vejo agora que na análise interminável de equipes esportivas, filmes e força que eu e meus amigos fazíamos era um tipo de análise, nem é preciso dizer, em que os valentões nunca davam o braço a torcer, eu já estava traindo uma fidelidade ao mundo dos *nerds*. Estava treinando ser um intelectual, antes que eu soubesse que era o que queria ser.

Foi nessas discussões com amigos sobre a força e esportes, eu acho, e na leitura de livros e revistas de esportes, que comecei a aprender os rudimentos da vida intelectual: como formular um argumento, ponderar diferentes tipos de evidências, deslocar-me entre peculiaridades e generalizações, resumir os pontos de vista dos outros e dialogar sobre ideias. Foi lendo e discutindo sobre esportes e força que experimentei o que era propor uma generalização, reafirmar um contra-argumento e responder a ele e realizar outras operações intelectuais, inclusive compor o tipo de frases que estou escrevendo agora.

Só muito mais tarde me dei conta de que o mundo dos esportes era mais atraente que a escola porque era mais intelectual do que a escola, não menos. Os esportes afinal estavam cheio de argumentos, debates, problemas complicados de análise e estatísticas intrincadas que poderiam ser interessantes, já que a escola não era, visivelmente. Acredito que o conhecimento da rua vence o conhecimento livresco em nossa cultura, não porque o conhecimento da rua não seja intelectual, como geralmente supomos, mas porque satisfaz uma sede intelectual mais profundamente que a cultura escolar, que parece fraca e irreal.

Também satisfaz a sede da comunidade. Quando você dialogava sobre esportes, tornava-se parte de uma comunidade que não se limitava a sua família e amigos, mas era nacional e público. O campeonato de baseibol ou a rebatida média de. 400 de Ted Williams era algo sobre o qual você poderia conversar com pessoas que nunca viu. Os esportes introduziram não só uma cultura impregnada de argumento, mas uma cultura de discussão pública que transcende o pessoal. Não posso culpar minha escola por não fazer a cultura intelectual ser semelhante ao Super Bowl, mas a culpo por não ter ensinado nada dos esportes e mundos de entretenimento, sobre como organizar e representar a cultura intelectual, como explorar a parte lúdica e transformá-la, para preparar espetáculo público que poderia ter chamado minha atenção na juventude com mais sucesso.

Pois aqui é outra coisa que nunca me ocorreu e ainda está escondido dos alunos, com resultados trágicos: que o mundo intelectual real, aquele que existiu no mundo grande além da escola, se organiza de forma muito parecida com o mundo dos esportes de equipe, com textos rivais e interpretações e avaliações de textos, teorias rivais do porquê elas devem ser lidas e ensinadas e as competições elaboradas de equipes onde "fãs" de escritores, sistemas intelectuais, metodologias e "ismos" lutam um contra o outro.

Temos que admitir que a escola tinha muita concorrência, que se tornava mais desagradável conforme se subia na hierarquia (e tornou-se ainda mais hoje com o advento das provas de alto risco). Nessa competição, os pontos eram marcados, não com exposição de argumentos, mas por uma exposição de informações ou leitura vasta, por muito empenho para tirar notas altas ou outras formas de demonstração de superioridade. A competição escolar, em suma, reproduzia as características menos atraentes da cultura esportiva, sem aqueles que criavam laços íntimos e senso de comunidade.

E, ao se distanciar de qualquer coisa tão agradável quanto envolvente como esportes, minha escola perdeu a oportunidade de capitalizar um elemento de drama e conflito que o mundo intelectual compartilha com os esportes. Como consequência, não consegui ver o paralelo entre os mundos acadêmico e dos esportes, que poderia ter me ajudado a atravessar mais facilmente a cultura do argumento.

Os esportes são apenas um dos domínios cujo potencial de alfabetização (e não somente para o sexo masculino) é seriamente subestimado pelos educadores, que veem os esportes como concorrentes com o desenvolvimento acadêmico e não um caminho até ele. Mas os alunos que se animam com a oportunidade de escrever sobre sua paixão por carros, muitas vezes escreverão tão mal e sem reflexão sobre esse tópico assim como sobre Shakespeare ou Platão. Aqui é o lado oposto do que eu indiquei antes: que não há nenhuma relação necessária entre o grau de interesse que um aluno demonstra em um texto ou tema e a qualidade de pensamento ou expressão que esse aluno manifesta ao escrever ou falar sobre isso. O desafio, como o professor universitário Ned Laff colocou, “não é simplesmente explorar interesses não acadêmicos dos alunos, mas levá-los a ver os interesses através dos olhos acadêmicos”.

Para dizer que os alunos precisam ver seus interesses “através dos olhos acadêmicos” é preciso dizer que malandragem da rua não é suficiente. É útil transformar os interesses não acadêmicos dos alunos em um objeto de estudo acadêmico então, para se obter atenção dos alunos e superar o tédio e a alienação, mas esta tática em si não necessariamente aproximará mais do tratamento academicamente rigoroso desses interesses. Por outro lado, convidar os alunos para escrever sobre automóveis, esportes, moda não precisa ser um pretexto pedagógico, visto que os alunos são obrigados a ver seus interesses “através dos olhos acadêmicos", isto é, pensar e escrever sobre carros, esportes e moda de um modo reflexivo, analítico, que os veja como um microcosmo do que está acontecendo na cultura mais vasta.

Se eu estiver certo, então as escolas e faculdades estão perdendo a oportunidade quando não incentivam os alunos a assumir seus interesses não acadêmicos como objeto de estudo acadêmico. É contraproducente se recusar a apresentar qualquer texto ou objeto que considera envolver os alunos que, de outra forma, ignorarão o trabalho acadêmico inteiramente. Se um aluno não conseguir se interessar pelo livro *Sobre a liberdade* escrito por Mill, mas ler *Sports Illustrated* ou *Vogue* ou a revista sobre *hip-hop, Source,* com interesse, este é um forte indício para passar revistas para leitura em vez dos clássicos. É uma boa aposta para os alunos ficarem viciados em ler e escrever, por causa de trabalhos de fim de semestre sobre a *Source,* assim eles acabarão chegando ao livro *Sobre a liberdade.* Mas, mesmo se não ficarem, a leitura da revista os tornará mais cultos e reflexivos do que seriam de outra forma. Portanto, faz sentido, em termos pedagógicos, desenvolver unidades na sala de aula sobre esportes, carros, moda, música *rap* e outros temas. Melhor que me deem um aluno que escreve análise sociologicamente séria, com argumentos claros de um assunto na *Source* que um aluno que escreve uma explicação sem vida de *Hamlet* ou *Apologia* de Sócrates.

OBRAS CITADAS

CRAMER, Richard Ben. *Joe DiMaggio: The hero's life.* New York: Simon and Schuster, 2000. Print.

DIMAGGIO, Joe. *Lucky to be a Yankee.* New York: Bantam Books, 1949. Print.

FELLER, Bob. *Strikeout story,* New York: Bantam Books, 1948. Print.

GURALNICK, Peter. *Last train to Memphis: The rise af Elvis Presley.* Boston: Little, Brown and Co., 1994. Print

ORWELL, George. *A collection of essays.* New York: Harcourt, Inc., 1953. Print.

Lixo nuclear

RICHARD A. MULLER[1]

RICHARD A. MULLER é professor de física na Universidade da Califórnia em Berkeley. Ele é um vencedor anterior da MacArthur Fellowship, muitas vezes referida como prêmio para "gênios". Este artigo foi utilizado originalmente como uma palestra em seu curso de física para estudantes não científicos e foi então publicado em uma coletânea de suas aulas do curso *Physics for future presidents*[*] (2008).

CONFORME AS PESSOAS reconhecem os perigos das plantas de combustíveis fósseis, sobretudo o risco do aquecimento global oriundo da produção de dióxido de carbono, a energia nuclear começa a parecer mais atraente. Mas, quanto ao lixo, todos aqueles detritos altamente radioativos que durarão por milhares de anos? Temos o direito de deixar esse legado para nossos filhos?

O lixo nuclear é um dos maiores problemas técnicos que qualquer futuro presidente provavelmente enfrentará. O problema parece completamente intratável. O plutônio, apenas um dos muitos produtos do lixo altamente radioativos, tem meia-vida de 24.000 anos. Mesmo nessa quantidade inimaginável de tempo, sua radioatividade intensa diminuirá pela metade apenas. Depois de 48.000 anos, ainda emitirá

1. *Physics for future presidents: The science behind the headlines*, de Richard Muller. Copyright © 2008 by Richard A. Muller. Publicado sob permissão da W.W. Norton & Company, Inc.

* Física para futuros presidentes. (N.T.)

radiação mortal a 25% de seu nível original. Mesmo após 100 mil anos, a radiação ainda estará acima de 10% do nível que tinha quando deixou o reator. E se infiltrar no solo e atingir as reservas de água para consumo humano? Como podemos, talvez, comprovar que este material pode ser mantido seguro por 100 mil anos?

Ainda assim, o governo dos EUA persiste em sua busca de eliminação "segura" de lixo nuclear. Criou um protótipo de instalação de lixo nuclear enterrado profundamente dentro da Yucca Mountain, Nevada. Para manter o lixo em segurança, as salas de armazenamento estão a 300 metros abaixo da superfície. Para armazenar até mesmo parte do lixo nuclear atual, exige-se uma área vasta, quase 3 quilômetros quadrados. O custo da instalação está previsto para chegar a US$ 100 bilhões de dólares, com centenas de bilhões de dólares a mais nos custos operacionais.

Para piorar, a região da Yucca Mountain é sismicamente ativa. Mais de 600 tremores de terra de magnitude 2,5 e superior têm ocorrido dentro de cerca de 80 quilômetros só na última década.

Além disso, a região foi criada pela atividade vulcânica. Embora isso fosse há milhões de anos, como podemos ter certeza de que a instalação de lixo nuclear não será destruída por uma outra erupção?

Muitas alternativas já foram sugeridas para o armazenamento do lixo nuclear. Por que simplesmente não enviam o lixo para o sol? Bem, talvez isso não seja uma boa ideia, já que ao lançá-lo, alguns foguetes realmente se chocariam de volta contra a Terra. Alguns cientistas já propuseram que o lixo fosse colocado em navios e afundado nos oceanos, numa região onde o movimento das placas da crosta da Terra diminuiria o material, finalmente enterrando-o a centenas de quilômetros de profundidade. No entanto, apenas o fato de que os cientistas deem tais sugestões parece enfatizar a gravidade do problema que realmente é.

Aqui é a pior parte. Já geramos lixo nuclear suficiente para encher a Yucca Mountain. Esse lixo não desaparecerá. No entanto, você, um futuro presidente, está considerando usar mais energia nuclear? Você está louco?

Minha confissão

O furor contra a energia nuclear tem sido tão intenso que me senti obrigado a reproduzir o ponto de vista antinuclear na abertura deste capítulo, incluindo ou pelo menos parte de sua ira. Estes são os argumentos que você vai ouvir quando for presidente. No entanto, pouco importa se são a favor da energia nuclear ou contra. O lixo está lá, e você terá que fazer algo com ele. Você não pode ignorar esta questão e, para fazer a coisa certa (e para convencer o público de que está fazendo a coisa certa), deve entender a física.

Quando calculo os números, acho que os perigos de armazenar nosso lixo na Yucca Mountain são pequenos em comparação com os perigos de não o fazer, e significantemente menores do que muitos outros perigos que ignoramos. Entretanto, o debate controverso continua. Exige-se mais pesquisa, mas cada pesquisa adicional, mesmo pequena, parece suscitar novas questões que agravam o medo e a desconfiança do público. Dei o título desta seção como "Minha confissão", porque acho difícil ficar de fora e apresentar a física sem emitir juízo de valor. Na maior parte deste livro, tentei apresentar os fatos e apenas os fatos, e deixei você tirar as conclusões. Nesta seção, confesso que vou me distanciar dessa abordagem. Não posso ser imparcial, pois os fatos parecem apontar fortemente em direção a uma conclusão particular.

Eu tenho discutido sobre a Yucca Mountain com cientistas, políticos e muitos cidadãos em questão. A maioria dos políticos acredita que o assunto seja uma questão científica, e a maioria dos cientistas pensa que é política. Os dois são a favor de mais pesquisas: os cientistas, porque é isso que eles fazem, e os políticos, porque acho que as pesquisas responderão a questões importantes.

Aqui estão alguns aspectos pertinentes. Os túneis subterrâneos na Yucca Mountain são projetados para comportar 77.000 toneladas de lixo nuclear de alto nível. Inicialmente, a parte mais perigosa desse lixo não é o plutônio, mas fragmentos de fissão como o estrôncio 90,

> **Veja o capítulo 13 para obter dicas sobre descrever os dados que sustentam um argumento científico.**

um núcleo instável criado quando o núcleo de urânio se divide. Como esses fragmentos de fissão têm meias-vidas mais curtas do que o urânio, o lixo é de cerca de 1.000 vezes mais radioativo que o minério original. Leva 10.000 anos para que o lixo (não incluindo o plutônio, que também é produzido no reator, e o qual discutiremos mais tarde) decaia de volta para o nível de radioatividade do urânio extraído. Em grande medida com base nesse número, as pessoas têm procurado um local que permanecerá seguro por 10.000 anos. Depois disso, somos melhores do que se deixássemos o urânio no solo, então 10.000 anos de segurança é, provavelmente, suficiente, e não os 100 mil anos a que me referi na introdução do capítulo.

Dez mil anos ainda parecem ser incrivelmente longos. Como estará o mundo daqui a 10.000 anos? Pense para trás para avaliar a quantidade de tempo envolvida: há dez mil anos, os humanos tinham acabado de descobrir a agricultura. A escrita não seria inventada para outros 5.000 anos. Podemos realmente fazer planos para 10 mil anos no futuro? É claro que não podemos. Nós não temos ideia de como estará o mundo. Não há nenhuma maneira de afirmar que seremos capazes de armazenar o lixo nuclear por 10.000 anos. Qualquer plano para fazer isso é claramente inaceitável.

É claro, a ambição de armazenamento inaceitável, é em si, uma resposta inaceitável. Temos o lixo, e temos que fazer algo com ele. Mas o problema não é realmente tão difícil quanto acabei de retratar. Não precisamos de segurança absoluta por 10.000 anos. Uma meta mais razoável consiste na redução do risco de vazamento até 0,1%, ou seja, para uma chance em mil. Como a radioatividade é apenas 1.000 vezes pior do que a do urânio que removemos do solo, o risco líquido (probabilidade multiplicada pelo perigo) é de 1.000 X 0, 001 = 1, ou seja, em resumo, o mesmo risco que existiria se não tivéssemos extraído o urânio, em primeiro lugar. (Eu estou assumindo a hipótese linear, que o risco total de câncer é independente das doses individuais ou taxa de dose, mas meu argumento não dependerá bastante de sua validade.)

Além disso, não precisamos deste nível de 0,1% de segurança para os 10 mil anos inteiros. Depois de 300 anos, a radioatividade do fragmento de fissão terá diminuído por um fator de 10, mas será apenas a 100 vezes maior que o urânio extraído. Então, até lá, não precisamos mais que o risco esteja no nível de 0,1%, mas pode permitir 1% de chance de que haja vazamento de todo o lixo. Isso é muito mais fácil do que garantir o confinamento absoluto por 10.000 anos. Além disso, esse cálculo pressupõe que 100% do lixo escape. Para o vazamento de 1% do lixo, podemos aceitar uma probabilidade de 100% após 300 anos. Quando se pensa sobre isso dessa forma, o problema de armazenagem começa a parecer tratável.

Entretanto, a discussão pública não leva em conta esses números ou o fato de que a mineração inicial realmente removeu a radioatividade do solo. Em vez disso, o público insiste em segurança absoluta. O Departamento de Energia dos EUA continua a procurar na Yucca Mountain por falhas de terremoto desconhecido, e, muitas pessoas assumem que a aceitabilidade da instalação depende da ausência de tais falhas. Acreditam que a descoberta de uma falha nova descartará a Yucca Mountain. A questão, porém, não deve ser sobre a possibilidade de haver quaisquer terremotos nos próximos 10 mil anos, mas se depois de 300 anos haverá 1% de chance de um terremoto suficientemente grande, pois 100% do lixo vazará suas cápsulas de vidro e chegará aos lençóis freáticos. Ou, poderíamos aceitar 100% de chance de que 1% do lixo vazará, ou 10% de chance de que 10% vazarão. Qualquer uma dessas opções leva a um menor risco do que se o urânio original tivesse sido deixado no solo, misturando sua radioatividade natural com os lençóis freáticos. A segurança absoluta é uma meta desnecessariamente extrema, uma vez que mesmo o urânio original no solo não a forneceu.

O problema é ainda mais fácil de solucionar quando perguntamos por que estamos comparando o perigo do armazenamento de lixo nuclear apenas para o perigo do urânio originalmente extraído. Por que não o comparar com o maior perigo do urânio natural deixado no solo? O Colorado, onde a maior parte do urânio é obtido, é uma região geologicamente ativa, cheia de falhas, fissuras e montanhas que se erguem fora da pradaria, e suas rochas de superfície contêm cerca de um bilhão de toneladas de urânio. A radioatividade nesse urânio é 20 vezes maior do que o limite legal da Yucca Mountain e levará mais de 13 bilhões de anos, não apenas algumas centenas de anos para a radioatividade cair por um fator de 10. Entretanto, a água que corta essa rocha radioativa e passa ao redor dela e sobre ela é a fonte do rio Colorado, que é usada como água potável em grande parte do Oeste, incluindo Los Angeles e San Diego. E, ao contrário do que *pellets* de vidro que armazenam o lixo na Yucca Mountain, a maior parte do urânio no solo do Colorado é solúvel em água. Aqui está a conclusão que soa absurda: se a instalação na Yucca Mountain estivesse em plena capacidade e todo o lixo vazasse de seu confinamento de vidro de imediato e conseguisse chegar aos lençóis freáticos, o perigo ainda seria 20 vezes menor do que atualmente representado pela lixiviação de urânio natural no rio Colorado. A situação traz à mente os moradores perto de Three Mile Island, que temiam o vazamento de pequena proporção proveniente do reator, mas não a radioatividade muito maior de gás radônio natural vazando para cima saindo do solo.

Eu não quero dizer que o lixo da Yucca Mountain não seja perigoso. Tampouco estou sugerindo que deveríamos entrar em pânico com a radioatividade no abastecimento de água de Los Angeles. O exemplo do rio Colorado ilustra apenas que, quando nós nos preocupamos com os perigos misteriosos e desconhecidos, às vezes, perdemos a perspectiva. De todas as formas, faço o cálculo, chego à mesma conclusão: vazamento de lixo da Yucca Mountain não representa um grande perigo. Coloque o lixo em *pellets* de vidro em uma formação geológica razoavelmente estável e comece a se preocupar com ameaças reais, tais como os perigos da queima contínua de combustíveis fósseis.

Um problema relacionado é o risco de contratempos e ataques durante o transporte de lixo nuclear para o local da Yucca Mountain. Os planos atuais exigem que o lixo seja transportado em cilindros expressos, de concreto armado, que podem sobreviver a colisões de alta velocidade sem vazar. Na verdade, seria muito difícil para um terrorista abrir os contêineres ou usar o lixo em armas radiológicas. É provável que o terrorista inteligente sequestre um caminhão-tanque cheio de gasolina, cloro ou outro material tóxico comum e depois o faça explodir em uma cidade. Lembre-se do capítulo sobre as armas nucleares terroristas. A Al-Qaeda disse para José Padilla abandonar seus esforços para fazer uma bomba suja e, em vez disso, focar esforços em explosões de gás natural em edifícios de apartamentos.

Veja o capítulo 7, para obter dicas de dizer por que é importante.

Por que estamos nos preocupando com o transporte de lixo nuclear? Contrariando as expectativas, não temos medido os esforços para garantir a segurança do transporte cujo perigo o público pensa que é maior do que realmente é. As imagens nos noticiários da noite sobre contêineres de concreto a serem lançados de prédios de cinco andares, espatifando-se no chão e saltando intactos, não tranquilizam o público. Esta é uma consequência do paradoxo "onde há fumaça há fogo" da segurança pública. Elevar os padrões, aumentar a segurança, fazer mais pesquisas, estudar o problema com maior profundidade, e no processo a segurança melhorará e assustará o público. Afinal de contas, será que os cientistas se empenhariam tanto, se a ameaça não fosse real? Os cientistas que propõem o lançamento de foguetes contendo lixo para o sol, ou enterro numa zona de subducção do oceano, também parecem sugerir que o problema é de fato intratável, e essa premissa exacerba o medo do público.

Agonismo na academia: a sobrevivência na cultura argumentativa

DEBORAH TANNEN[1]

Deborah Tannen é professora de linguística da Universidade de Georgetown e escreve extensamente sobre como a língua afeta os relacionamentos. Seus livros incluem *You just don't understand: Women and men in conversation* (1990), *The argument culture* (1998), *You're wearing THAT?! Understanding mothers and daughters in conversation* (2006) e *You were always mom's favorite!: Sisters in conversation throughout their lives* (2009). Este artigo foi publicado em março de 2000 no *The chronicle of higher education.*

Um grupo de leitura do qual faço parte, composto por professores, recentemente discutiu uma autobiografia escrita por um acadêmico. Cheguei à reunião do grupo cheia de expectativa, ansiosa para examinar as ideias que eu tinha ganho com o livro e para ser iluminada por aqueles que tinham intrigado meus companheiros de grupo. Quando a reunião começou, um membro anunciou que não tinha lido o livro; quatro pessoas, incluindo eu, disseram que havia lido e gostado, e uma disse que não havia gostado, porque não gosta de autobiografia acadêmica. Ela criticou o livro veementemente. É escrito a duas vozes – comentou ela – e as vozes não se interrogam.

1. Deborah Tannen, "Agonism in the academy: surviving higner learning's argument culture", *Chronicle of highter education*, março, 2000. Copyright Deborah Tannen. Publicado sob permissão

Rapidamente, outros dois membros apoiaram a crítica, o ponto de vista dela se tornou uníssono. Eles pareciam mais inteligentes, ao ver as falhas que o resto de nós tínhamos perdido, fazendo-nos parecer ingênuos. Nós três, ingênuos, tentamos, em vão, fazer com que o grupo falasse sobre o que tínhamos achado interessante ou importante no livro, mas nossas sugestões eram desinteressantes em comparação com o jogo da crítica.

Saí da reunião desapontada porque eu não havia aprendido nada de novo sobre o livro ou seu assunto. Tudo o que assimilava era sobre a rapidez intelectual dos críticos. Fiquei especialmente impressionada com o fato de um dos críticos mais falantes e influentes ser o membro que não havia lido o livro. A falta de familiaridade dela com o trabalho não a tinha prejudicado, porque os críticos haviam se concentrado mais no que eles viam como falhas no gênero textual que em falhas do livro, em particular.

Veja p. 22 para obter mais informações sobre começar com um caso interessante para mostrar o ponto de vista que você está contestando.

A direção que a discussão tomou me fez lembrar do tema do meu mais recente livro, *The argument culture*. O fenômeno que observei na reunião do grupo de leitura foi um exemplo do que o linguista cultural Walter Ong chama de "agonismo", que ele define no livro *Fighting for life* como "a disputa programada" ou "combate cerimonial". O agonismo não se refere a discordância, conflito ou disputa vigorosa. Refere-se à oposição ritualizada, por exemplo, um debate em que aos competidores são atribuídas posições antagônicas e uma parte ganha, em vez de um argumento que surge naturalmente quando duas partes estão em desacordo.

Em *The argument culture*, explorei o papel e os efeitos do agonismo em três domínios do discurso público: imprensa, política e lei. Mas o domínio em que identifiquei primeiro o fenômeno e comecei a pensar sobre isso é o mundo acadêmico. Continuo convencida de que agonismo é endêmico na academia e ruim para ela.

A maneira como treinamos nossos alunos, ministramos nossas aulas, realizamos nossas pesquisas e trocamos ideias em reuniões e na imprensa é toda motivada pelo nosso pressuposto ideológico de que a pesquisa intelectual é uma batalha metafórica. Seguida do que é uma segunda hipótese, que o melhor modo de demonstrar a capacidade intelectual é criticar, encontrar falhas e combater por escrito ou verbalmente.

Muitos aspectos das nossas vidas acadêmicas podem ser descritos como agonístico. Por exemplo, em nossos trabalhos acadêmicos, a maioria de nós segue uma estrutura convencional, que nos exige posicionar nosso trabalho em oposição à outra pessoa, que mostramos estar errados. A estrutura tenta, quase nos obriga, simplificar em excesso ou mesmo distorcer as posições dos outros; citar o exemplo mais fraco para fazer um trabalho geralmente razoável parecer inferior; e ignorar os fatos que apoiam os pontos de vista dos outros, mencionando apenas evidência que sustenta nossas próprias posições.

A maneira como treinamos nossos alunos, frequentemente, reflete a metáfora da batalha também. Passamos trabalhos acadêmicos para que eles leiam, em seguida, os convidamos para criticar com veemência. Isso é útil até certo ponto, mas muitas vezes significa que eles não aprendem a fazer o trabalho mais pesado de integração de ideias ou análise do contexto histórico e disciplinar do trabalho. Além disso, incute nos alunos uma postura de arrogância e visão limitada, qualidades que não servem aos objetivos fundamentais da educação.

Na sala de aula, quando os alunos estão envolvidos em um debate acalorado, acreditamos que a educação está ocorrendo. Mas em um artigo de 1993, em *The history teacher*, Patricia Rosof, que leciona na Hunter College High School, em Nova York, nos aconselha a olhar mais de perto o que está realmente acontecendo. Se fizermos isso, diz ela, provavelmente acharemos que poucos alunos estão participando; alguns outros alunos podem estar prestando atenção, mas muitos podem estar desligados. Ademais, os alunos que estão debatendo, em geral, simplificam as opiniões que estão formulando ou contestando. Para ganhar o argumento, eles ignoram a complexidade e as nuances. Eles se recusam a ceder uma questão suscitada por seus adversários, mesmo se eles conseguirem ver que é válida, pois tal concessão enfraqueceria sua posição. Ninguém tenta sintetizar os pontos de vista diferentes, pois isso pareceria ser indeciso ou fraco.

Se a turma se envolver em uma discussão em vez do debate, adicionando tais atividades intelectuais como explorar ideias, descobrir nuances, comparar e contrastar diferentes interpretações de um trabalho, quanto mais os alunos participam, mais obtêm uma compreensão mais profunda e mais exata do material. Mais importante, os alunos aprendem a ter uma postura de respeito e um questionamento aberto a novas ideias.

As premiações acadêmicas, boas notas e bons trabalhos normalmente vão para estudantes e pesquisadores que aprendem a dissecar o trabalho dos outros, não para aqueles que aprendem a se basear no trabalho de seus colegas. Em *The argument culture*, citei um estudo no qual as pesquisadoras de comunicação Karen Tracy e Sheryl Baratz examinaram colóquios semanais com a participação de membros do corpo docente e alunos de pós-graduação em uma universidade de grande porte. Como as autoras relataram em um artigo de 1993 em monografias de comunicação, embora a maioria das pessoas dissesse que o objetivo dos colóquios era "trocar ideias" e "aprender as coisas", os membros do corpo docente, na verdade, estavam julgando a competência dos alunos com base na sua participação nos colóquios. E os professores não admiraram os alunos que fizeram "uma pergunta pouco solidária". Como alguém colocou, eles valorizavam "perguntas difíceis e desafiadoras".

Um problema com a cultura agonística de formação de pós-graduação é que os estudiosos em potencial que não se sentem confortáveis com esse tipo de interação tendem a ir embora. Como resultado, muitas mentes talentosas e criativas são perdidas para academia. E, com menos colegas que preferem abordagens diferentes, os que permanecem tendem mais a estimular uns aos outros em níveis competitivos ainda maiores. Alguns estudiosos que ficam na academia são relutantes em apresentar seus trabalhos em conferências ou apresentá-los para publicação, em razão da relutância em participar do discurso competitivo. O efeito cumulativo é que quase todo mundo se sente vulnerável e defensivo e, portanto, menos disposto a sugerir novas ideias e perspectivas ou questionar a sabedoria recebida.

Embora os embates acadêmicos sejam um ritual, prescritos pelas convenções da academia, as emoções que os estimulam podem ser reais. Jane Tompkins, uma crítica literária que escreveu sobre o gênero do bangue-bangue da ficção e do cinema modernos, comparou o intercâmbio acadêmico a tiroteios. Em um artigo de 1988, no *Georgia review*, observou que a própria carreira decolou quando publicou um artigo que "começou com um ataque frontal a outra estudiosa da mulher. Quando escrevi esse artigo, senti a maneira como o herói atua em um bangue-bangue. Esta crítica não só tinha alegado a, b e c, tinha mantido x, y e z! Foi um caso claro de provocação ultrajante". Porque a adversária dela já era estabelecida e ela não, Tompkins se sentia "justificada para entrar em choque com tudo o que eu tinha".

Mais tarde em sua carreira, quando ela ouviu uma palestrante em uma conferência demolir o trabalho de outro pesquisador, sentiu que estava testemunhando uma "execução ritual de algum tipo, algo entre uma tourada, onde a multidão admira a habilidade do matador e celebra o triunfo sobre o touro, e uma queima pública, na qual a multidão testemunha a punição de um criminoso. Para a experiência acadêmica combinou os elementos de admiração, sede de sangue e autocongratulação moral".

Em um nível mais profundo, a metáfora conceitual do argumento intelectual como uma batalha, nos leva a dividir os pesquisadores em campos beligerantes. Quase todos os campos podem fornecer exemplos. Por exemplo, muitas disciplinas são afetadas – e desfiguradas – por uma natureza persistente/dicotomia da criação, embora tanto a biologia quanto a cultura, obviamente, influenciem todos nós. Essa tendência à divisão incentiva tanto os alunos quantos os pesquisadores a lutarem pelo trabalho dos outros em vez de tentarem compreendê-lo. E aqueles cujo trabalho é deturpado acabam utilizando a energia criativa para defender seus trabalhos anteriores, energia que eles poderiam usar de forma mais produtiva de outras maneiras.

Agonismo ainda tem outro efeito grave: é uma das razões de os pesquisadores terem dificuldade para fazer com que os políticos prestem atenção às suas pesquisas. Os políticos que se deparam com pesquisas acadêmicas relevantes de imediato encontram pesquisas antagônicas. Com a falta de perícia para descobrir quem está certo, normalmente concluem que não conseguem olhar para academia para obter orientação.

Nossa ideologia agonista parece estar tão profundamente arraigada na academia que alguém pode querer saber quais as alternativas que temos. Em *Embracing contraries*, o professor de inglês Peter Elbow chama as formas com que abordamos ideias de um "jogo das dúvidas", um método para farejar falhas. O que nós precisamos, diz ele, é de uma abordagem adicional, um "jogo de acreditar", para farejar pontos fortes. Os dois jogos se complementam. Embora não acabássemos concordando com todos os autores que lemos, ao afastar a descrença, provavelmente aprenderíamos alguma coisa com eles.

Em minha opinião, precisamos de novas metáforas por meio das quais pensamos sobre nossa empresa acadêmica ou para conceituar o intercâmbio intelectual. Poderíamos aprender muito mais se nós pensássemos em teorias, não como estruturas a serem derrubadas ou falsificadas, mas como um conjunto de entendimentos a serem questionados e reformulados. O sociólogo Kerry Daly, na introdução de seu livro *Families and time*, sugere que "as teorias devem ser tratadas como massa de pão que cresce com uma mistura sinérgica de ingredientes que só pode ser batida para baixo com a adição de novos ingredientes e energia humana".

No âmbito do ensino, Don McCarmick e Michael Kahn, em um artigo publicado em 1983 chamado *Exchange: The organization behavior teaching journal*, sugerem que o pensamento crítico pode ser melhor se usarmos a metáfora de mutirão para a construção de um celeiro, em vez da de uma luta de boxe. Devemos pensar que "um grupo de construtores que constroem um edifício ou um grupo de artistas que fabricam uma criação em conjunto".

McCormick e Kahn argumentam que, como eu escrevi em *The argument culture*, vim a acreditar é o aspecto mais prejudicial e crucial da cultura de agonismo. Viver, trabalhar e pensar em formas moldadas pela metáfora da batalha produz um clima de animosidade que envenena nossas relações uns com os outros, ao mesmo tempo que corrompe a integridade de nossa pesquisa. A cultura agonística da academia não só é o melhor caminho para a verdade e o conhecimento, mas também é corrosivo para o espírito humano.

Depois que meu grupo de leitura havia discutido o livro de autobiografia acadêmica, expressei minha frustração a um membro do grupo.

– Acontece que o livro não era o melhor exemplo do gênero – comentou ela.

– Mas não lemos um exemplo de um gênero – protestei. – Lemos um livro por pessoa.

Focalizar novamente nossa atenção dessa forma é o maior ganho de reserva, se é que podemos ir além da crítica em seu sentido estrito. Gostaríamos de aprender mais uns dos outros, ser ouvidos mais claramente pelos outros, atrair talentos mais variados para a vida acadêmica e restaurar um pouco da humanidade de nós mesmos, nosso esforço e do mundo acadêmico em que vivemos.

ÍNDICE DE MODELOS

INTRODUZIR O QUE ESTÁ NA OPINIÃO DOS OUTROS *(p.23)*

- Vários __________ sugeriram recentemente que __________.
- Tornou-se comum hoje rejeitar __________.
- Em seu recente trabalho, Y e Z fizeram duras críticas sobre __________ em relação à (ao) __________.

INTRODUZIR "PONTOS DE VISTA PADRÃO" *(p. 23-24, 162-63, 181-82)*

- Hoje em dia, os americanos tendem a acreditar que __________.
- Segundo o senso comum, __________.
- O senso comum parece ditar __________.
- De acordo com X, a forma-padrão de pensar sobre o tópico é __________.
- Costuma-se dizer __________.
- Minha vida inteira ouvi dizer que __________.
- Você pode pensar que __________.
- Muitas pessoas assumem que __________.

TRANSFORMAR ALGO QUE ESTÁ "Na opinião deles" EM ALGO QUE ESTÁ EM SUA OPINIÃO *(p. 24-25)*

- Sempre acreditei que __________.
- Quando eu era criança, costumava pensar que __________.

- Embora eu devesse saber das coisas a essa altura, não posso deixar de pensar que ________.
- Ao mesmo tempo em que acredito que ________, também creio que ________.

INTRODUZIR ALGO IMPLÍCITO OU SUPOSTO *(p.25)*

- Embora nenhum deles jamais tenha dito isso tão diretamente, meus professores muitas vezes me dão a impressão que ________.
- Uma implicação do tratamento de X sobre ________ é que ________.
- Apesar de X não dizer isso de forma tão direta, ela aparentemente supõe que ________.
- Embora eles raramente admitam isto, ________ muitas vezes acham normal que ________.

INTRODUZIR UM DEBATE EM CURSO *(p. 25-26, 182-83, 185)*

- Nas discussões de X, uma questão controversa tem sido/é ________. Por um lado, ________ alega que ________. Por outro lado, ________ sustenta que ________. Outros [autores] ainda defendem que ________. Minha opinião é ________.
- Quando se trata do tópico sobre ________, a maioria de nós prontamente concorda que ________. Embora essa concordância de opinião geralmente termine, no entanto, há a questão sobre ________. Ao passo que alguns estão convencidos de que ________, outros sustentam que ________.
- Em conclusão, então, como sugerido anteriormente, os defensores de ________ não podem afirmar isso das duas formas. Sua afirmação que ________ está em contradição com a alegação de que ________.

CAPTURAR A AÇÃO DO AUTOR *(p. 44-45)*

- X reconhece que ________.
- X concorda que ________.

- X argumenta que ________.
- X acredita que ________.
- X nega / não nega que ________.
- X alega que ________.
- X reclama que ________.
- X admite que ________.
- X demonstra que ________.
- X lamenta a tendência ________.
- X observa o fato de que ________.
- X enfatiza/salienta/ressalta/frisa que ________.
- X insiste em que ________.
- X observa que ________.
- X questiona se
- X refuta a afirmação/alegação de que
- X nos lembra que ________.
- X relata que ________.
- X sugere que ________.
- X nos encoraja a ________.

INTRODUZIR CITAÇÕES *(p.44)*

- X afirma ________.
- Segundo o proeminente filósofo X, "________".
- De acordo com X, "________".
- O próprio X escreve que "________".
- No livro da autora, ________, ela sustenta que "________".
- Ao escrever na revista/periódico *Comentário*, X reclama que "________"
- No ponto de vista de X, "________".
- X concorda quando ela escreve que "________".
- X discorda quando ele escreve que "________".
- X complica ainda mais quando ela escreve sobre "________".

EXPLICAR CITAÇÕES *(p. 44-45)*

- Em resumo, X está dizendo que _________.
- Em outras palavras, X acredita que _________.
- Ao fazer este comentário, X nos recomenda _________.
- X está confirmando o antigo adágio de que _________.
- O objetivo de X é
- O ponto fundamental do argumento X é que _________.

DISCORDAR, COM ARGUMENTOS *(p. 55, 167-68)*

- Acho que X está equivocada, pois ela ignora _________.
- A alegação X de que _________ se baseia na suposição questionável de que _________.
- Discordo do ponto de vista de X de que _________, porque, conforme mostram as pesquisas recentes, _________.
- A própria X se contradiz/X não pode ficar no muro. Por um lado, alega que _________. Por outro lado, ela também diz _________
- Ao abordar _________, X não percebe o problema mais profundo de _________.

CONCORDAR COM DIFERENÇA *(p. 55-56, 161)*

- Eu concordo que _________, pois segundo minha experiência, _________ confirma isso.
- X tem toda razão sobre _________, porque, como ela pode não ter conhecimento, os estudos recentes mostram que _________.
- A teoria de X sobre _________, é de grande utilidade porque lança luz sobre o difícil problema de _________.
- Aqueles que não são familiarizados com este princípio podem ficar interessados em saber que isso se resume a _________.
- Concordo que _________, mas um ponto ainda precisa ser enfatizado, pois muitas pessoas ainda acreditam que _________.

- Se o grupo X estiver certo de que __________, como eu acho que está, então precisamos reavaliar o senso comum de que __________.

CONCORDAR E DISCORDAR AO MESMO TEMPO

(p. 59-61, 167-68, 183)

- Embora eu concorde com X até certo ponto, não posso aceitar sua conclusão geral de que __________.
- Embora discorde de muito do que X afirma, concordo plenamente com sua conclusão final de que __________.
- Apesar de eu reconhecer que __________, eu ainda insisto em que __________.
- Ao passo que X fornece ampla evidência de que __________, a pesquisa de Y e Z sobre __________ e __________ me convence de que __________, ao contrário.
- X está certa sobre/de que __________, mas ela parece estar em dúvida quando afirma que __________.
- Embora X talvez esteja equivocada ao afirmar que __________, ela está certa sobre/de que __________.
- Estou em dúvida a respeito da afirmação de X sobre __________. Por um lado, concordo que __________. Por outro lado, não tenho certeza se __________.
- Tenho opiniões diferentes sobre este assunto. Eu realmente apoio a posição de X, a qual __________, mas, em minha opinião, o argumento de Y sobre __________ e a pesquisa de Z investigação sobre __________ são igualmente convincentes.

SINALIZAR QUEM ESTÁ DIZENDO O QUE *(p.67-69)*

- X argumenta que __________.
- De acordo com X e Y, __________.
- Os políticos __________, argumenta X, devem __________.
- A maioria dos atletas vai lhe dizer que __________.
- Minha opinião, entretanto, é que __________.

- Concordo, já que X pode não perceber que _________.
- Entretanto, _________ são reais, e são, indiscutivelmente, o fator mais significante em _________.
- Contudo, X está errado, pois _________.
- Porém, simplesmente não é verdade que _________.
- Na verdade, é muito provável que _________.
- A afirmação de X de que _________ não é compatível com os fatos.
- X está certo, pois _________.
- X está errado, pois _________.
- X está certo e errado, pois _________.
- No entanto, uma análise racional da questão revela _________.
- Entretanto, as novas pesquisas mostram _________.
- Quem estiver familiarizado com _________ deve concordar que _________.

INCORPORAR MARCADORES DE VOZ *(p. 70)*

- X ignora o que eu considero um ponto importante sobre _________.
- Minha opinião sobre o que X insiste é _________ é, na verdade, _________.
- Concordo plenamente com o que X chama de _________.
- Estas conclusões, discutidas por X em _________, dão peso ao argumento, pois _________.

CONSIDERAR OBJEÇÕES *(p. 77, 167-68, 184-85)*

- A esta altura, eu gostaria de levantar algumas objeções que foram inspiradas pelo cético existente em mim. Ela acha que fui ignorando _________. "_________", diz ela para mim, "_________".
- No entanto, alguns leitores podem contestar minha opinião, insistindo em que _________.
- É claro que muitos provavelmente discordem desta afirmação de que _________.

NOMEAR ARGUMENTOS NEGATIVOS *(p. 78-79)*

- Aqui muitas feministas provavelmente discordariam de que ________.
- No entanto, os darwinistas sociais certamente discordariam do argumento que
- Os biólogos, é claro, podem querer perguntar se ________.
- Entretanto, os seguidores e críticos de Malcolm X provavelmente argumentariam que ________.
- Embora nem todos os cristãos pensem da mesma forma, alguns deles provavelmente contestarão minha afirmação de que ________.
- Os não falantes nativos do inglês são tão diferentes em seus pontos de vista que é difícil generalizar sobre eles, mas alguns tendem a se opor alegando que ________.

INTRODUZIR OBJEÇÕES DE MODO INFORMAL *(p. 79)*

- Mas minha proposta é realista? Quais são as chances de isso ser realmente adotado?
- Mas nem sempre é verdade que ________? É sempre o caso, como tenho sugerido, que ________?
- No entanto, a evidência que eu citei mostra de forma conclusiva que ________?
- "Impossível", dirão alguns. "Você deve estar lendo a pesquisa de modo seletivo."

FAZER CONCESSÕES AO MESMO TEMPO MANTENDO SEU ARGUMENTO *(p. 85)*

- Apesar de eu admitir que ________, ainda sustento que ________.
- Os defensores de X estão certos ao argumentar que ________. Contudo, exageram quando afirmam que ________.
- Embora seja verdade que ________, isso não implica necessariamente que ________.

- Por um lado, concordo com X que ______. Entretanto, por outro lado, eu ainda insisto em que ______.

INDICAR QUEM SE IMPORTA *(p. 90-91)*

- ______ costuma pensar ______. Porém, recentemente [ou dentro das últimas décadas] sugere que ______.
- Estas descobertas desafiam o trabalho dos pesquisadores anteriores, que tendiam a assumir que ______.
- Estudos recentes como estes lançam nova luz sobre ______, que estudos anteriores não tinham abordado.
- Há muito tempo, os pesquisadores assumem que ______. Por exemplo, um eminente estudioso de biologia celular, ______, supôs em ______, seu trabalho seminal sobre as estruturas e funções celulares, que as células de gordura ______.
- Segundo ela mesma, "______" (2007). Outro cientista importante, ______, alegou que as células de gordura "______" (2006).
- Finalmente, quando se tratava da natureza da gordura, o pressuposto básico era de que ______.
- Mas um novo conjunto de pesquisas mostra que as células de gordura são muito mais complexas e que ______
- Se os entusiastas de esportes parassem para pensar sobre isso, muitos deles poderiam simplesmente assumir que os atletas mais bem-sucedidos ______. No entanto, a nova pesquisa mostra ______. Esses resultados desafiam o pressuposto comum dos neoliberais que ______.
- À primeira vista, os adolescentes poderiam afirmar que ______. Entretanto, numa análise mais aprofundada, ______.

ESTABELECER POR QUE O ASSUNTO É IMPORTANTE

(p. 94, 167-68, 184-85)

- X se importa/é importante porque ______.

- Apesar de X poder parecer banal, e de fato crucial em termos das questões atuais sobre ________.
- Enfim, o que está em jogo aqui é ____________.
- Estes resultados têm implicações importantes para a área mais ampla de __________.
- Minha discussão de X de fato aborda o assunto maior sobre ________.
- Estas conclusões/Estas descobertas terão aplicações importantes em ___________, assim como em __________.
- Embora X possa parece ser de interesse apenas para um pequeno grupo de __________, deveria, de fato, ser uma questão para aqueles que se preocupam com _________.

TRANSIÇÕES COMUMENTE UTILIZADAS

CAUSA E EFEITO

assim sendo
como resultado
como consequência; por conseguinte
daí
então
como
assim
então
portanto
deste modo

CONCLUSÃO

como resultado
como consequência; por conseguinte
daí
em conclusão
em resumo
em suma
então
assim
O resultado de tudo isso é que;
no final de contas
portanto
deste modo
para concluir; resumindo
para resumir

COMPARAÇÃO

neste mesmo sentido
desta mesma forma
de forma semelhante
do mesmo modo

CONTRASTE/OPOSIÇÃO

embora
mas
em contrapartida
de outro modo
apesar de
mesmo que
contudo
no entanto
pelo contrário
por outro lado
independentemente de; não obstante
ao passo que; enquanto
entretanto
ao contrário
embora; enquanto
ainda

ADIÇÃO

também
e
além de
ademais
além do mais
de fato
realmente
além disso
igualmente

CONCESSÃO

sem dúvida
embora seja verdade que
com a condição de
admite-se que
é claro (que)
obviamente
para ter certeza

EXEMPLIFICAÇÃO

afinal de contas
como exemplo
considere o seguinte
por exemplo
sobretudo
tome por exemplo

ELABORAÇÃO

na verdade
por extensão
em resumo
em última análise, enfim
em outras palavras
de outra forma
de forma direta
de forma sucinta

ADICIONAR METACOMENTÁRIO *(p. 135-137)*

- Em outras palavras, __________.
- O que __________ realmente quer dizer com isso é que __________
- Enfim, então, meu objetivo é demonstrar que __________.
- Meu ponto de vista não é __________, mas __________.
- De outra forma, __________.
- Em suma, __________.
- Minha conclusão é de que __________.
- Em resumo, __________.
- Ainda mais importante, __________.
- Aliás, __________.
- A propósito, __________.
- O capítulo 2 explora __________, ao passo que o capítulo 3 examina __________.
- Com o argumento de que __________, agora prestemos atenção para __________.
- Embora alguns leitores possam se opor à __________, eu responderia que __________.

COMPARAR DUAS CONCLUSÕES OU MAIS DOS ESTUDOS *(p. 168)*

- Nossos dados apoiam / confirmam / verificam o trabalho de X, mostrando que __________.
- Ao demonstrar __________, o trabalho de X amplia as conclusões de Y.
- Os resultados de X contradizem / refutam a conclusão de Y de que __________.

- As conclusões de X põem em dúvida a teoria amplamente aceita de que __________.
- Nossos dados estão de acordo com a hipótese de X que __________.

EXPLICAR UM RESULTADO EXPERIMENTAL *(p. 171, 193)*

- Uma explicação para a conclusão de X é que __________. Uma explicação alternativa é __________.
- A diferença entre __________ e __________ provavelmente se deve a __________.

INDICAR LACUNAS NA PESQUISA EXISTENTE *(p. 184)*

- Os estudos de X indicaram __________. Não está claro, no entanto, que esta conclusão se aplica a __________.
- __________ com frequência acham normal que __________. Contudo, poucos já investigaram esta hipótese.
- O trabalho de X nos diz muito sobre __________. Este trabalho pode ser generalizado para __________?

AGRADECIMENTOS

Temos de agradecer a nossa maravilhosa editora, Marilyn Moller, por este livro. Foi Marilyn a primeira que nos incentivou a escrevê-lo, e se dedicou, incansavelmente, a nos ajudar em todas as fases do processo. Nunca deixamos de nos beneficiar de suas sugestões incisivas, paciência inesgotável e seu bom humor. Com a publicação desta segunda edição, que vem na esteira de uma edição comercial e uma versão com textos, nossa gratidão com Marilyn aumentou grandemente.

Nossos agradecimentos vão também para John Darger, representante da Norton's Chicago, que ofereceu incentivo desde o início para escrever *Eles falam, eu falo* e para Beth Ammerman, que, generosamente, geriu o processo de edição desta edição. Agradecemos também à Maggie Wagner, pelo projeto impressionante, à Jane Searle, por sua excelente gestão do processo de produção, à Debra Morton Hoyt, por seu excelente trabalho na capa; e à Ana Cooke e Betsy Mullaney, pela ajuda com muitas coisas grandes e pequenas.

Temos uma dívida de gratidão especial com Christopher Gillen e Ackerman Erin por seus capítulos sobre a escrita em ciências exatas e sociais, respectivamente, que é uma novidade para esta edição. O trabalho com Chris e Erin demonstrou ser uma experiência emocionante. Ao mesmo tempo em que permaneciam abertos e receptivos às nossas sugestões, eles nos ensinavam muito, aplicando nossas ideias às suas disciplinas de forma que se tornassem uma revelação constante.

Devemos um agradecimento especial aos nossos colegas do departamento de inglês da Universidade de Illinois (UIC), em Chicago: Mark Canuel, nosso chefe do departamento, por apoiar nossos esforços para supervisionar a exigência de produção de texto nas disciplinas da universidade, trabalho que nos levou a solicitar os dois novos capítulos sobre a escrita nas ciências e ciências sociais para esta edição. Walter Benn Michaels, nosso ex-chefe de departamento, e Ann Feldman, diretora dos "Programas de produção de texto" da Universidade, por nos encorajar a ministrar cursos de redação do primeiro ano da UIC, nos quais pudemos experimentar ideias e versões preliminares do nosso manuscrito. Lon Kaufman, Tom Moss, Diane Chin, Vainis Aleksa e Matt Pavesich também foram muito favoráveis aos nossos esforços. Somos bastante gratos à Ann e Diane por nos trazer a seu curso de pós-graduação sobre o ensino da escrita, e à Ann, ao Tom, à Diane e ao Matt por nos convidar para apresentar nossas ideias nas Oficinas Mile 8 da UIC para professores de produção de texto. Ao incentivo, às sugestões e às críticas que recebemos nestas sessões que se mostraram inestimáveis. Nossa profunda gratidão vai para nosso assistente de pesquisa nos últimos dois anos, Matt Oakes.

Somos também especialmente gratos a Steve Benton e a Nadya Pittendrigh, que nos ofereceram uma seção de redação utilizando a primeira versão preliminar deste livro. Steve fez muitas sugestões úteis, sobretudo em relação aos exercícios. Somos gratos a Andy Young, professor na UIC que testou nosso livro em seus cursos e nos deu *feedback* extremamente útil. E agradecemos a Vershawn A.Young, cujo trabalho sobre entrosamento de código influenciou nosso argumento no capítulo 9, e Hillel Crandus, cujo *handout* de sala de aula inspirou o capítulo 11, "Entrar nas discussões em sala de aula".

Somos gratos a muitos colegas e amigos que sempre nos permitiram discutir nossas ideias com eles e deram respostas extremamente úteis. Stanley Fish, ex-reitor da UIC, foi fundamental nesse sentido, quer em conversas pessoais, quer em seus artigos contundentes que exigem maior foco na forma do ensino da escrita. Nossa conversa, com Jane Tornpkins também foi parte integrante deste livro, como foi o curso de redação que

Jane coministrou com Gerald intitulado "Can we talk?" Lenny Davis também deu tanto observações intelectuais quanto suporte emocional, como fez Heather Arnet, Jennifer Ashton, Janet Atwill, Kyra Auslander, Noel Barker, Jim Benton, Jack Brereton, Tim Cantrick, Marsha Cassidy, David Chinitz, Lisa Chinitz, Pat Chu, Duane Davis, Bridget O'Rourke Flisk, Steve Flisk, Judy Gardiner, Howard Gardner, Rich Gelb, Gwynne Gertz, Jeff Gore, Bill Haddad, Ben Hale, Scott Hammerl, Patricia Harkin, Andy Hoberek, John Huntington, Joe Janangelo, Paul Jay, David Jolliffe, Nancy Kohn, Don Lazere, Jo Liebermann, Steven Mailloux, Deirdre McCloskey, Maurice J. Meilleur, Allan Meyers, Greg Meyerson, Alan Meyers, Anna Minkov, Chris Newfield, Jim Phelan, Paul Psilos, Bruce Robbins, Charles Ross, Evan Seymour, Eileen Seifert, David Shumway, Herb Simons, Jim Sosnoski, David Steiner, Harold Veeser, Chuck Venegoni, Marla Weeg, Jerry Wexler, Joyce Wexler, Virginia Wexman, Jeffrey Williams, Lynn Woodbury, e o falecido Wayne Booth, de cuja amizade sentimos saudade com amor.

Somos gratos por termos tido a oportunidade de apresentar nossas ideias para várias instituições de ensino: Augustana College, Universidade de Brandeis, Universidade de Brigham Young, Bryn Mawr College, Universidade de Case Western, Universidade de Columbia, Community College of Philadelphia, Universidade Estadual da Califórnia, em Bakersfield, Universidade Estadual da Califórnia, em Northridge, Universidade da Califórnia, em Riverside, Universidade de Delaware, Universidade de DePaw, Universidade de Drew, Universidade de Duke, Universidade de Duquesne, Elmhurst College, Universidade de Fontbonne, Universidade de Furrnan, Gettysburg College, Harper College, Universidade de Harvard, Haverford College, Hunter College, Universidade Estadual de Illinois, Universidade de John Carroll, Universidade de Lawrence, the Lawrenceville School, Universidade de MacEwan, Universidade de Maryland, em College Park, Universidade de Memphis, Universidade do Missouri, em Columbia, New Trier High School, Universidade de Northern Michigan, Universidade da Carolina do Norte A&T, Universidade Estadual de Nova York, em Stony Brook,

Universidade de North Florida, Universidade de Northwestern Divisão de estudos continuados, Universidade de Notre Dame, Universidade Estadual do Oregon, Universidade de Portland, Universidade de Rochester, Universidade de St. Ambrose University, St. Andrew's School, St. Charles High School, Universidade de Seattle, Universidade Estadual de Southern Connecticut, Universidade de South Florida, Swarthrmore College, Teachers College, Universidade do Tennessee, em Knoxville, Universidade de Texas, em Arlington, Universidade de Tulane, Union College, Wabash College, Washington Callege, Universidade de Washington, Universidade de Western Michigan, Universidade de West Virginia em Morgamown, Whitney Young High School e Universidade de Wisconsin, em Whitewater.

Agradecemos, em especial, àqueles que nos ajudaram a organizar essas visitas e discussões de questões relacionadas com escrita: Jeff Abernathy, Herman Asarnow, John Austin, Greg Barnheisel, John Bean, Crystal Benedicks, Joe Bizup, Sheridan Blau, Dagne Bloland, Chris Breu, Joan Johnson Bube, John Caldwell, Gregory Clark, Irene Clark, Dean Philip Cohen, Cathy D'Agastino, Tom Deans, Gaurav Desai, Kathleen Dudden-Rowlands, Lisa Ede, Emory Elliott, Anthony Ellis, Kim Flachmann, Ronald Fortune, George Haggerty, Donald Hall, Gary Hatch, Elizabeth Hatmaker, Harry Hellenbrand, Nicole Henderson, Doug Hesse, Joe Harris, Van Hillard, Andrew Hoberek, Michael Hustedde, Sara Jameson, T. R. Johnson, David Jones, Ann Kaplan, Don Kartiganer, Linda Kinnahan, Dean Georg Kleine, Albert Labriola, Tom Liam Lynch, Thomas McFadden, Sean Meehan, Connie Mick, Margaret Oakes, John O'Connor, Gary Olson, Tom Pace, Emily Poe, Dominick Randolph, Monica Rico, Kelly Ritter, Jack Robinson, Warren Rosenberg, Dean Howard Ross, Deborah Rossen-Knill, Rose Shapiro, Mike Shea, Evan Seymour, Erec Smith, Nancy Sommers, Stephen Spector, Timothy Spurgin, Ron Strickland, Trig Thoreson, Josh Toth, Judy Trost, Charles Tung, John Webster, Sandi Weisenberg, Robert Weisbuch, Martha Woodmansee e Lynn Worsham.

Por nos convidar para apresentar nossas ideias em suas conferências, somos gratos a John Brereton e Wendorf Richard no Boston

Athenaeum; a Wendy Katkin do Centro de Reinvenção do SUNY Stony Brook; a Luchen Li da Michigan English Association; a Lisa Lee e a Barbara de Ransby da Public Square, em Chicago; Don Lazere da Universidade do Tennessee, em Knoxville, presidente de um painel na MLA; Dennis Baron, da Universidade de Illinois em Urbana-Champaign, Alfie Guy da Universidade de Yale, Gregory Colomb, da Universidade da Virgínia, e Irene Chaves da Universidade Estadual da Califórnia de Northridge, presidentes dos painéis na CCCC. A George Crandell e Steve Hubbard, codiretores da conferência da ACETA na Universidade de Auburn; Mary Beth Rose do Instituto de Ciências Humanas da Universidade de Illinois em Chicago; Diana Smith, da St. Anne's Belfield School e Universidade de Virgínia; Jim Maddox e Victor Luftig da Bread Loaf School of English; Jan Fitzsimmons e Jerry Berberet das Faculdades Associadas de Illinois; e Rosemary Feal, diretora-executiva da Associação de Línguas Modernas, iniciadora de uma oficina para professores da comunidade universitária na convenção MLA de 2008.

Um agradecimento em especial vai para aqueles que revisaram os materiais para esta nova edição, Erin Ackerman (City University of New York-John Jay College); Mary Angeline (Universidade de Northern Colorado); Ned Bachus; Michelle Ballif (Universidade da Georgia); Jonathan Barz (Universidade de Dubuque); Mary Bauer Morley (Universidade da Dakota do Norte); Benjamin Bennett-Carpenter (Universidade de Oakland); Michelle Boswell (Universidade de Maryland); Laura Bowles (Universidade de Central Arkansas); Brand (Broome Community College); Beth Buyserie (Universidade Estadual de Washington); Dana Cairns Watson (Universidade da Califórnia, Los Angeles); Genevieve Carminati (Montgomery College); Brent Chesley (Aquinas College); Joseph Colavito (Universidade de Butler); Tara DaPra (Universidade de Minnesota); Emily Detmer-Goebel (Universidade de Northern Kentucky); J. Michael Duvall (College of Charleston); Adriana Estill (Carleton College); Ralph Faris (Community College of Philadelphia); Chris Gillen (Kenyon College); Patricia Gillikin (Universidade do Novo México, Campus de Valencia);

Kenneth Grant (Universidade de Wisconsin-Baraboo/Sauk County); Kevin Griffith (Universidade de Capital); Annemarie Hamlin (Central Oregon Community College); Rick Hansen (Universidade Estadual da Califórnia, Fresno); John Hare (Montgomery College); Wendy Hayden (Hunter College of the City University of New York); Karen Head (Georgia Institute of Technology); Chene Heady (Universidade de Longwood); Nels Highberg (Universidade de Hartford), Victoria Holladay (Universidade Estadual da Califórnia, Los Angeles); D. Kern Holoman (Universidade da Califórnia, Davis); Elizabeth Huergo (Montgomery College); Sara Jameson (Universidade Estadual do Oregon); Joseph Jones (Universidade de Memphis); Andrew Keitt (Universidade do Alabama, em Birmingham); Kurt Koenigsberger (Universidade de Case Western Reserve); Gary Leising (Utica College); Gary Lewandowski (Universidade de Monmouth); Michelle Maher (La Roche College); Lisa Martin (Universidade de Wisconsin-Baraboo/ Sauk County); Miles McCrimmon (J. Sargeant Reynolds Community College); Jacqueline Megow (Universidade Estadual de Oklahoma); Bruce Michelson (Universidade de IllinoisUrbana Champaign); Megan Morton (Universidade de Purdue); Steven Muhlberger (Universidade de Nipissing); Lori Muntz (Iowa Wesleyan College): Ann Murphy (Assumption College); Sarah Perrault (Universidade de Nevada, Reno); Christine PipitoneHerron (Raritan Valley Community College); David Samper (Universidade de Oklahoma); Rose Shapiro (Universidade de Fontbonne); Jennifer Stewart (Universidade de Indiana-Universidade de Purdue Fort Wayne); Sandra Stollman (Broward College); Linda Sturtz (Beloit College); Mark Sutton (Universidade de Kean); Tobin von der Nuell (Universidade do Colorado, em Boulder); Brody Waybrant (Bay Mills Community (College); Gina Weaver (Universidade de Southern Nazarene); Amy Whitson (Universidade Estadual de Missouri); Susan Wright (Universidade Estadual de Montclair).

Agrademos também àqueles que revisaram o manuscrito para a versão original de *Na opinião deles*; suas sugestões contribuíram enormemente para este livro: Alan Ainsworth (Houston Comunity

College); Rise Axelrod (Universidade da Califórnia, Riverside); Bob Baron (Mesa Community College); David Bartholomae (Universidade de Pittsburgh); Diane Belcher (Universidade Estadual da Georgia); Michel De Benedictis (Miami Dade College); Joseph Bizup (Universidade de Columbia); Patricia Bizzell (College of the Holy Cross); John Brereton (Universidade da Harvard); Richard Bullock (Universidade Estadual de Wright); Charles Cooper (Universidade da Califórnia, San Diego); Christine Cozzens (Agnes Scott College); Sarah Duerden (Universidade Estadual do Arizona); Russel Durst (Universidade de Cincinnati); Joseph Harris (Universidade de Duke); Paul Heilker (Instituto Politécnico da Virgínia); Michael Hennessy (Universidade Estadual do Texas); Karen Lunsford (Universidade da Califórnia, Santa Barbara); Libby Miles (Universidade de Rhode Island); Mike Rose (Universidade da Califórnia, Los Angeles), William H. Smith (Weatherford College); Scott Stevens (Universidade de Western Washington); Patricia Sullivan (Universidade do Colorado); Pamela Wright (Universidade da Califórnia, San Diego); Daniel Zimmerman (Middlesex Community College).

GERALD GRAFF, professor de inglês e educação da Universidade de Illinois, em Chicago, em 2008 foi presidente da Associação de Línguas Modernas dos EUA, teve um grande impacto sobre os professores por meio de livros como *Professsing literature: An institutional history*, *Beyond the culture wars: How teaching the conflicts can revitalize American education*, e, mais recentemente, *Clueless in academe: How schooling obscures the life of the mind*. **CATHY BIRKENSTEIN** é professora de inglês da Universidade de Illinois em Chicago e codiretora do programa de Produção de Texto nas Disciplinas. Publicou textos sobre a escrita, mais recentemente no *College English*, e, junto com Gerald Graff, no *The chronicle of higher education*, *Academe* e *College composition and communication*. Também tem dado palestras e realizado oficina com Gerald em inúmeras instituições de ensino. Atualmente está trabalhando em um estudo sobre mal-entendidos comuns em torno do discurso acadêmico.